C. Hebing · *Vergolden und Bronzieren*

Cornelius Hebing

Vergolden und Bronzieren

Untergrund – Arbeitstechniken – Werkstoffe
Ein Handbuch für die Praxis

Überarbeitet von Rudolf Pracher

Verlag Georg D. W. Callwey München

Abbildung auf dem Umschlag:
Der »Friedensengel« – Gestaltung einer Architekten- und Bildhauergruppe, u. a. Heinrich Düll, Georg Pezold und Max Heilmaier – auf seiner schlanken Säule an Münchens Prinzregentenstraße war nach 80 Jahren so stark verwittert, daß eine gründliche Restaurierung dringend geboten war. Neben der Metallsanierung wurde eine Neuvergoldung nötig.
Ob es sich nun um den »Friedensengel« oder um andere überdimensionale Plastiken, Arbeiten in Schlössern, Brunnenfiguren oder Denkmäler handelt, hier kann nur der erfahrene Könner mitwirken. Metall- oder Kupferplastiken müssen so bearbeitet werden, daß sie allen Unbilden der Natur (Sonne wie Kälte) lange Zeit standhalten.
Der »Friedensengel« ist über sechs Meter hoch, und es wurden 11 120 Blatt 23¾karätiges Gold verwendet. Das Grundmaterial besteht aus 86,1–86,7% Kupfer und 11,3–12% Zinn. Die Blattvergoldung in Öltechnik führte die Werkstätte Hans Mayrhofer, München, aus. Die Untergrundausbesserung nahm die Kunstgießerei Karl Herbig, Gernlinden, vor.

CIP-Kurztitelaufnahme der Deutschen Bibliothek
Hebing, Cornelius:
Vergolden und Bronzieren: Untergrund – Arbeitstechniken – Werkstoffe; e. Handbuch für d. Praxis/ Cornelius Hebing. Überarb. von R. Pracher. – 14. Aufl. – München: Callwey, 1985.
NE: Pracher, Rudolf [Bearb.]

14. Auflage 1985

ISBN 3 7667 0764-7

Schutzumschlag: Baur + Belli Design, München
Gesamtherstellung: Druckerei Ludwig Auer, Donauwörth
Printed in Germany 1985

Inhalt

Vorwort

Seit nunmehr bereits sechs Jahrzehnten begleitet dieses Buch die Arbeit der Fachleute, die sich mit Tätigkeiten seines Themas befassen. Cornelius Hebing, der Verfasser, erlebte selbst bis 1927 drei Auflagen; er starb 1934. Sein Nachfolger als Herausgeber der »Deutschen Malerzeitschrift Die Mappe«, Guido Hengst, betreute die anschließenden Ausgaben, zuletzt 1940 eine gestraffte Fassung. In Abstimmung auf die Erfahrungen und Erfordernisse der Praxis, sowie auf den fachlichen Unterricht, erschienen dann, unter Mitwirkung der Redaktion der Zeitschrift »Die Mappe« und betreut durch Berthold Sperling, die 7. und 8. Auflage. Dabei wurde im wesentlichen wieder von der zuletzt durch Hebing selbst redigierten Fassung ausgegangen, die auch dieser 13. Auflage zugrunde liegt. Sie wurde von Rudolf Pracher durchgesehen und um Darlegungen zu sacheinschlägigen Fakten und neues Bildmaterial ergänzt.

Es verdient nach wie vor festgehalten zu werden, daß Hebings »Praktische Anleitung zur Ausführung aller Vergoldungs- und Bronzierungsarbeiten, soweit sie für das Malergewerbe in Betracht kommen« – wie der Untertitel der Erstausgabe lautete – nach so langen Jahrzehnten durchaus nichts an fachlicher Aktualität und Zuverlässigkeit eingebüßt hat. Zum Teil liegt das gewiß daran, daß sich in den Vergoldungsarbeiten seither selber nicht viel geändert hat; zum anderen aber ist dies dem Verfasser zu verdanken, der schon seinerzeit ungewöhnlich gründlich allen Sachfragen nachging und ein Werk vorlegte, das in vielem erschöpfend war. So kann diese erste allgemeine Abhandlung über das ganze Fachgebiet auch heute noch als sichere Grundlage gelten.

Mit Absicht wurde das Buch hauptsächlich auf jene Vergoldungs- und Bronzierungsarbeiten beschränkt, die direkt oder indirekt mit der Tätigkeit des Malerhandwerks zusammenhängen. So alt dieser Beruf ist, so lange befaßt er sich auch mit Vergoldungsarbeiten. Zwar wechselten dabei die Aufgaben und Anwendungen immer wieder, doch veränderten sich die Arbeitstechniken selbst seit langem kaum mehr. Es gibt im weiten Feld der Malerarbeiten an Bau-, Raum- und Einrichtungselementen, an Plastiken und an Flächenschmuck sowie in der Fertigung von Einzelstücken – bis hin zu den zahlreichen Arbeiten für die Außenwerbung – nur ganz wenige Tätigkeiten, deren Bedingungen und Möglichkeiten so beständig blieben wie die des Vergoldens.

In der jüngeren Zeit gab es, über den Stand bei der ersten Abfassung dieses Buches hinaus, zwar einige Neuerungen in den Hilfsmitteln, die entsprechende Anpassung in der Arbeitsweise verlangten, aber sie führten bei weitem nicht zu so tiefgreifenden Umstellungen wie in zahlreichen sonstigen Maler-Aufgabengebieten. Etwas mehr veränderte sich bei den Arbeiten mit Bronzen, jedoch kann auch hier zur Hauptsache nach wie vor das gelten, was Hebing darüber fixierte.

Uns ist es heute aufgegeben, in den so lebhaften Wechseln der Zeit das festzuhalten, was an handwerklichem Erfahrungsgut Geltung und Wert behielt. Längst erwies sich tausendfältig, daß noch nicht alles Neue ohne weiteres auch schon besser als das Altbewährte ist. Unter den vielen Arbeitsweisen des Malerhandwerks behielten die grundlegenden Techniken der Vergoldungsarbeiten nun schon Gültigkeit seit vielen Jahrhunderten; viel würde ein Fachmann des Mittelalters an Sachlichem nicht dazulernen müssen, um auch heute versiert zu sein. Wohl aber ist selbst in unseren Tagen vieles noch beispielgültig, was Berichte aus der Vergangenheit zu den Gegenständen dieses Buches bekunden.

Nicht zuletzt soll das vorliegende Werk dazu anregen, dem Geist derer nachzugehen, die das Erfahrungsgut dieses Arbeitsgebietes durch Jahrtausende hindurch entwickelten und wahrten. Möge wenigstens etwas von jenem Erlebnis meisterlichen Könnens, das man namentlich bei wertvollen Arbeiten mit Gold selber erfahren kann, sich immer wieder erneuern, und möge dieses Buch auch fernerhin in diesem Sinne von Nutzen sein!

I–VIII Gestaltung von Füllungen und Möbelflächen mit farbigen Bronzen ▷

Man kann verschiedenartige Wirkungen erzielen, wenn der Untergrund dementsprechend farbig gehalten wird. Wir bauen den Untergrund in diesem Fall auf Ölbasis auf. Grundieren, Spachteln, matt vorlackieren und mit Seidenmatt farbig fertig lackieren. Nach guter Durchtrocknung wird die Fläche mit feinstem Bimsmehl und Kreide ausgeschliffen. Nun wird ein guter farbloser Lack, etwas mit Balsamterpentin verdünnt, flüssig auf die Fläche gebracht. Es werden farbige Bronzen eingesetzt.

Mit Haarpinseln oder Gänsefeder wird die trockene Bronze in den nassen Lack eingestaubt und mit anderen farbigen Bronzen variiert. Durch Einspritzen mit dem Finger und Pinsel bewirkt man ein partielles Auslaufen, es bilden sich mondkraterartige Gebilde, die schöne dekorative Wirkungen ergeben. Nach dem Durchtrocknen wird die Fläche noch mehrmals mit farblosem Schleiflack überzogen, selbstverständlich muß jeweils eine gute Trockenzeit berücksichtigt werden. Nun wird die Fläche nach Erhärten mit Bimsmehl und Filz angeschliffen und nach weiterem Durchtrocknen mit Kreide ausgeschliffen. Diese Fläche kann dann noch mit Polierwasser auf Hochglanz poliert werden. Neben der schönen Wirkung bekommt man auch durch die sorgfältige Ausarbeitung ein äußerst haltbares Objekt. Zur Wirkung selber sei gesagt, daß sie durch den farbigen Untergrund noch gesteigert werden kann. Goldbronze steht genauso gut farbig auf dunklem wie auf hellem Grund. Besonders feierlich wirkt sie auf goldgelbem, blauem und schwarzbraunem Grund. Farbige Bronzen gibt es in allen Tönungen Grün-Rot-Blau und anderen leuchtenden Farben.

I

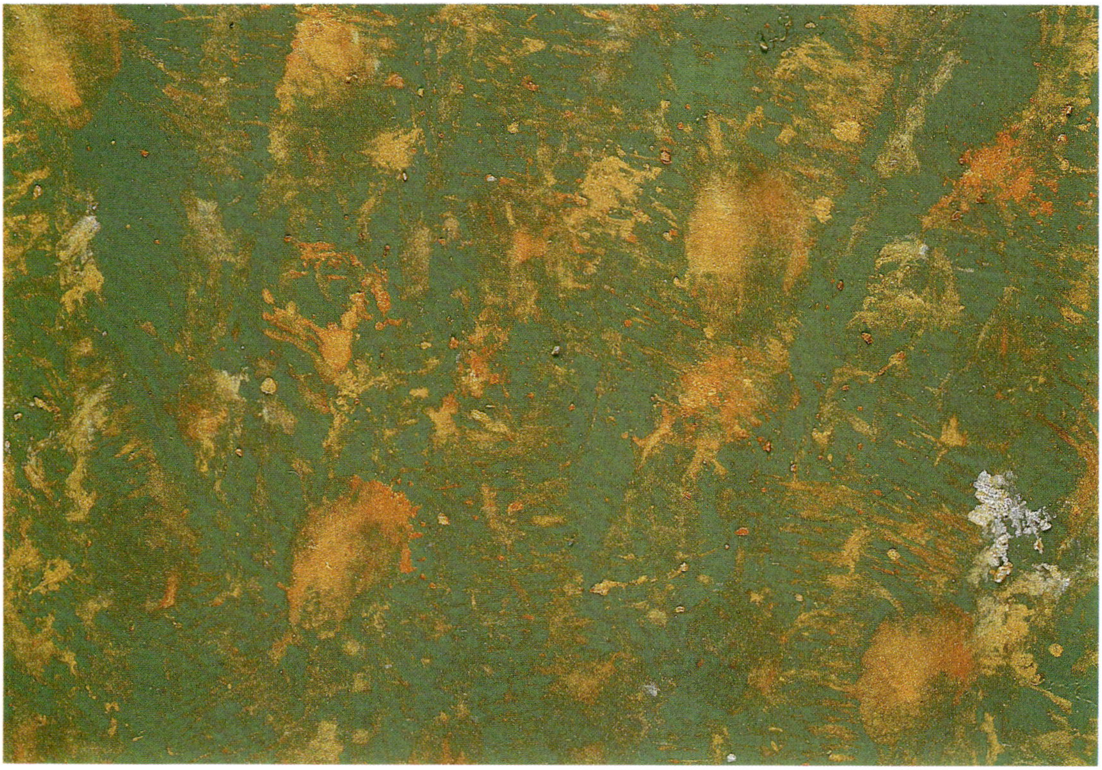

II

III

IV

V

VI

VII

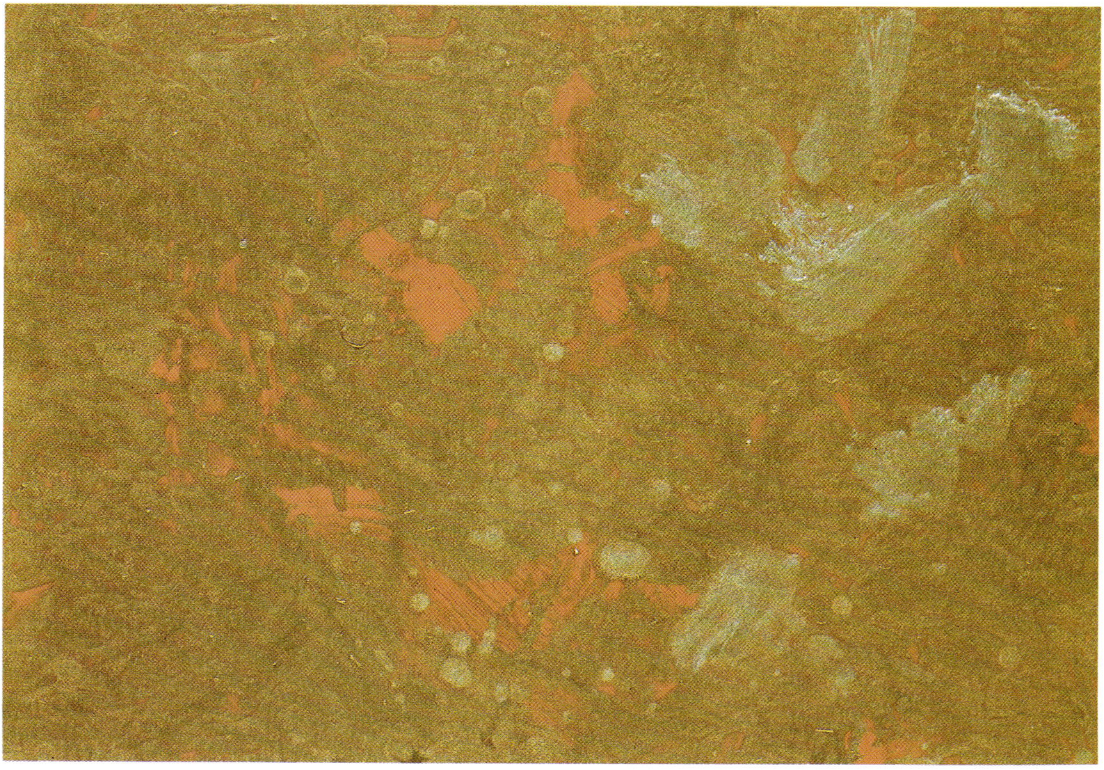

VIII

Rückblick zu den frühen Anfängen schmückender Goldarbeiten

Gold: Kostbarkeit zu allen Zeiten

In zahlreichen überkommenen schriftlichen und mündlichen Überlieferungen zur Geschichte der Menschheit bis zu ihren Anfängen zurück wird schon sehr früh das Gold erwähnt. Ob wir z. B. das Alte Testament zur Hand nehmen, ob wir uns in die Hieroglyphen der Ägypter oder in die Keilschriften der Chaldäer vertiefen, ob wir die Dichtungen Homers oder die Erzählungen Herodots lesen: hier überall und ebenso in fast allen anderen alten Sagen und Heldengesängen tritt uns das Gold entgegen.

Es ist interessant zu sehen, in welcher Weise schon vor vielen Jahrtausenden das Gold als Wertmesser diente, wie bereits in jenen in nebelhafter Ferne hinter uns liegenden Zeiten das Streben nach Gold viele Menschen beseelte. So heißt es in der Bibel gleich anfangs bei der Schilderung des Paradieses: »Es ging aus von der Luststatt ein Strom, zu wässern das Paradies, der teilet sich daselbst in vier Hauptwasser. Das erste hieß Pison, es fließt um das ganze Land Hevilath, und daselbst wächst Gold; und das Gold des Landes ist das beste.«

Das frühe Bekanntsein der Menschen mit dem Gold ist nicht schwer zu erklären. Ist es doch eines der wenigen Metalle, die fast nur gediegen, d. h. in reinem metallischem Zustand, in der Natur vorkommen; es ist heute noch und war früher ohne Zweifel noch viel mehr allgemein verbreitet. Dem Altzeitmenschen, der es anfänglich wohl lediglich in dem Zustand, in dem er es fand, als Schmuck verwendete, mußte auch bald die große Weichheit und Dehnbarkeit des Goldes offenbar werden. Dadurch wurde er dann dazu angeeifert, das Metall weiterzuverarbeiten, umzuformen und daran seine Geschicklichkeit zu zeigen. (Auf die Verwendung des Goldes als Tauschmittel bzw. als Münzmaterial soll hier nicht eingegangen werden.)

Zu Nutz- und Schutzgeräten, zu Waffen usw. war das Gold infolge eben dieser der Bearbeitung an sich günstigen Eigenschaften nicht geeignet; dafür fand es aber bald wegen seiner Schönheit und Unveränderlichkeit ausgedehnteste Verwendung zu Schmuck mancher Art, etwa als Geschmeide, zur Verzierung der Waffen usw. Ganz besonders auch war Gold von jeher bevorzugt als Material zur Herstellung von Schenk- und Schaugeräten, Weihe- und Opfergaben an Gottheiten, Tributen an Herrscher usw. Wenn auch zu letzteren vielfach Gold in unverarbeitetem Zustand diente, so finden sich doch bei den alten Schriftstellern zahlreiche Angaben, denen zu entnehmen ist, daß es ebensooft in Form kunstvoller Gegenstände dargebracht wurde.

Goldschmuck in den alten Kulturen

Die alten Schriftsteller pflegen mit Vorliebe bei der Schilderung solcher Geschenke usw. zu verweilen. Namentlich über die Verwendung des Goldes als Schmuck der Tempel und Königsburgen berichten sie oft eingehend. Wenn man manche Schilderungen auch als übertrieben ansehen möchte, so geht daraus doch klar hervor, daß zu jenen Zeiten in den heute als die »Alte Welt« bezeichneten Erdteilen viel mehr Gold vorhanden gewesen sein muß als heute. – So meldet der »Vater der Geschichte«, der mitunter etwas geschwätzige und leichtgläubige Herodot, daß die Burg des medischen Königs Dejoces in Ekbatana sieben Mauern gehabt habe, an denen die Zinnen der fünf äußeren farbig bemalt, die Zinnen der sechsten versilbert, die der innersten vergoldet gewesen seien. In Äthiopien, sagt derselbe Gewährsmann, seien in den Gefängnissen die Leute mit goldenen Ketten gefesselt gewesen, und die Skythen hätten sich Trinkgefäße aus den Schädeln erschlagener Feinde machen lassen, die innen mit Gold überzogen wurden. Es findet sich noch mancher ähnliche Hinweis. Darin bestätigt sich wohl die allgemein gehandhabte Vergoldungsart der Befestigung dünngeschlagenen Goldbleches.

Wie das Gold auch zu massiven und getriebenen

Gegenständen verarbeitet wurde, ersehen wir u. a. aus der Schilderung der Geschenke, die *Krösos,* der seines Reichtums halber sprichwörtlich gewordene König von Lydien, dem delphischen Apollo spendete. Herodot schreibt darüber: »Krösos schenkte dem delphischen Gott vergoldete und versilberte Betten, goldene Schalen, purpurne Kleider und Gewänder . . .; er schmolz eine unendliche Menge Goldes und trieb Halbziegel daraus, die längsten sechs Spannen* lang, die kurzen drei Spannen lang und alle eine Spanne hoch, an Zahl 117. Davon waren drei aus lauterem Gold, dritthalbe Pfund an Gewicht, die übrigen aber aus weißem Gold, zwei Pfund an Gewicht. Er fertigte auch eines Löwen Bildnis aus lauterem Gold, zehn Pfund an Gewicht. Als Krösos dies vollendet hatte, sandte er es nach Delphi und dazu noch dieses: zwei Becher von ungemeiner Größe, einen goldenen und einen silbernen; der goldene stand zur Rechten, wenn man in den Tempel hineinkam, der silberne aber zur Linken. Dazu kam noch das goldene Bildnis eines Weibes, drei Ellen hoch.« Andere Geschenke aber schickte Krösos laut Herodot nach Theben: einen goldenen Dreifuß; nach Ephesos: goldene Färsen und Säulen; zum Athenetempel nach Delphi: einen goldenen Schild.

Noch viel reicher als hier muß die Goldhäufung in den *Tempeln der Babylonier* gewesen sein. Herodot erzählt von einer goldenen Bildnissäule des Zeus im Heiligtum zu Babylon, die nebst einem goldenen Tisch, Stuhl und Schemel 800 Pfund Goldes schwer war, sowie von einer anderen Bildsäule ebendort, die zwölf Ellen hoch und aus gediegenem Golde gewesen sei. – Darios, der König der Perser, ließ von seiner Tochter ein Bild aus getriebenem Gold machen – ein Beweis dafür, daß die Goldbearbeitungskunst damals sehr hoch entwickelt gewesen sein muß. Auch über goldgeschmückte Waffenrüstungen berichtet Herodot.

Geradezu zahllos sind auch die Angaben des *Alten Testaments* über die Anwendung des Goldes. So heißt es z. B. im Zweiten Buch Mosis, 37. Kapitel: »Und er machte den Tisch von Zedernholz zwei Ellen lang, eine Elle breit und eineinhalb Ellen hoch. Und überzog ihn mit lauterem Golde. Und machte eine goldene Leiste umher und darauf einen goldenen, ausgestochenen Kranz, eine Handbreit hoch, und auf den machte er einen anderen goldenen Kranz. Und goß dazu vier goldene Ringe und tat sie an die vier Orte an seinen Füßen, hart an die Leisten, und zog Stangen darein, daß man den Tisch tragen kann. Und machte die Stangen aus Zedernholz und überzog sie ebenfalls mit Gold.« Interessant ist es, daß hier schon die Namen der Künstler, die diese Arbeit machten, genannt werden. – Aus späterer Zeit, vom Salomonischen Tempel, sind uns Angaben über den Goldverbrauch erhalten. Im Ersten Buch der Könige, 6. Kapitel, 20. Vers, heißt es: »Und vor dem Spruchorte waren zwanzig Ellen Länge und zwanzig Ellen Breite und zwanzig Ellen seine Höhe, und er überzog ihn mit gediegenem Golde und den Altar mit Zedernholz. Auch das Haus überzog Salomo inwendig mit gediegenem Golde, und er zog vor den Spruchort goldene Ketten, und den Spruchort selbst überzog er ganz mit Gold. Und das ganze Haus und den ganzen Altar vor dem Spruchorte überzog er mit Gold.« – Im gleichen Kapitel heißt es dann später noch, daß auch der Fußboden sowie die geschnitzten Flügeltüren aus Ölbaumholz und aus Tannenholz gearbeitet und mit Gold vollständig überzogen gewesen seien. Wir haben uns dieses viele, alles überdeckende Gold jedoch nicht in seinem blanken Metallglanz zu denken, sondern bunt bemalt oder doch farbig lasiert. Speziell über den Tempel Salomos berichtet der jüdische Schriftsteller Flavius Josephus Näheres. Im Jahre 2 nach unserer Zeitrechnung geriet dieser Tempel nämlich bei einer Empörung der Juden gegen die römische Herrschaft in Brand, und der obenerwähnte Gewährsmann sagt ausdrücklich, daß das Holzwerk der Tempeldecke, an dem sich viel Harz und Wachs befand und dessen *Goldverkleidung mit Wachs überzogen* war, von den Flammen ergriffen wurde. Dies ist offenbar so zu verstehen, daß die Goldverkleidung der Holzdecke wieder mit Farben, denen als Bindemittel Wachs zugesetzt war, überzogen war.

Sehr frühzeitig fand das Gold auch zur Herstellung von Geweben und Gewändern Verwendung; da es hierzu nur in fadenähnlicher Form benutzt werden konnte, so mußte die Kunst, solch feine Drähte aus Gold zu fertigen, unbedingt vorausgegangen sein, und daß schon Homer von golddurchwirkten Gewändern zu erzählen weiß, ist abermals ein Zeichen, daß die industrielle Verarbeitung des

* »Spanne« ist ein natürliches Längenmaß und stellt den Abstand von der Daumen- bis zur Mittelfingerspitze dar. Eine »große Spanne« ist der Abstand von der Daumenspitze bis zur Spitze des kleinen Fingers: etwa 23 cm.

Goldes eine der ersten Techniken war, die der Mensch erfunden und ausgebildet hat. – Auch bei den *Römern* kamen goldene bzw. goldgewirkte Stoffe früh in Gebrauch.

Diese wenigen Angaben, deren Zahl sich leicht vermehren ließe, zeugen dafür, daß der Gebrauch des Goldes schon in frühester Zeit weit verbreitet gewesen ist und daß ebenfalls schon sehr früh großes technisches Geschick bei seiner Bearbeitung festzustellen ist. – Doch nicht allein die vorderasiatischen Völker und ihre Nachbarn in Afrika und Europa besaßen diese Geschicklichkeit.

Auch in *China* und in *Indien* ist die Bearbeitung und Verarbeitung des Goldes uralt. Semper erwähnt in seinem Werke »Der Stil« (Teil I, S. 244) ein altindisches, aus dem 2. Jahrhundert vor unserer Zeitrechnung stammendes Drama, in dem die Ausstattung eines Schlosses wie folgt geschildert wird: »Die Felder der Tür sind von Gold und Stuck, und sie glänzen wie die Diamanten an der Brust eines Gottes . . . Goldene Stufen, mit verschiedenen Steinen ausgelegt, führen zu den oberen Zimmern . . . Der Eingang des sechsten Hofes ist bogenförmig, auf saphirnem Grunde mit Gold und vielfarbigen Steinen ausgelegt.«

Bekannt ist weiter, daß bei der Entdeckung Amerikas die Spanier in *Mexiko* und auch in *Peru* eine hochentwickelte Technik der Goldbearbeitung vorfanden. Ferdinand Cortez, der Entdecker Mexikos, schrieb darüber an Kaiser Karl V.: »Alles, was Erde und Meer hervorbringen und was Montezuma (der damalige Herrscher von Mexiko) kennenlernte, ließ er in Gold und Silber, in edlen Steinen usw. nachahmen.«

Ähnlich war das Gold auch in der *altgermanischen und skandinavischen Kultur* eingebürgert. Bereits in vorgeschichtlicher Zeit hat im Norden Europas und auch in Mitteleuropa das Gold häufig und ziemlich allgemein Anwendung gefunden. Viele Funde, die zutage gefördert wurden, beweisen, daß Gold schon zu Anfang der sogenannten Bronzeperiode, wahrscheinlich aber bereits früher, im Gebrauch war. Man hat sowohl mit Gold verzierte Bronzegeräte und Bronzewaffen als auch goldene Schmucksachen, Armbänder, Kopfschmuck usw., selbst Nutzgeräte, z. B. Äxte und Beile, aus massivem Gold gefunden. – Die Germanen liebten es auch, ihre Waffen und Rüstungen mit Goldzieraten zu versehen. Daß an ihren Heiligtümern das Gold als Schmuck Verwendung fand, beweisen die uns erhaltenen Überlieferungen von dem goldschimmernden, wunderbaren Tempel in Uppsala.

Vom Massiv- zum Blattgold

Die leichte Verarbeitungsfähigkeit des Goldes und seine große Dehnbarkeit hatten den sich mit der Goldschmiedekunst Befassenden wohl sehr bald die Idee eingegeben, es nicht immer massiv, für sich allein, sondern auch als Überzug geringwertiger oder härterer, aber nicht so prunkender Gegenstände zu verwenden. Das einmal geglückte Experiment mußte schon aus Ersparnisgründen zu Wiederholungen anspornen und dazu führen, daß sich diese Kunst des Bekleidens anders gearteter Objekte mit Gold zu einer eigenen Technik entwickelte. Anfänglich in ziemlicher Stärke verwendet, wurde das Gold dann mit der zunehmenden technischen Geschicklichkeit stets dünner und schwächer geschlagen. Als Endergebnis haben wir unser heutiges, den Malern und Vergoldern vom Goldschläger geliefertes Blattgold zu betrachten.

Diese Technik ist so alt, daß über die Art der Entwicklung nichts Bestimmtes gesagt werden kann. Wie schon erwähnt, sind vergoldete Gegenstände aus vorgeschichtlicher Zeit nicht selten. Bei den Grabungen Schliemanns in Troja sind Unmengen goldener wie vergoldeter Gegenstände gefunden worden. – Die Schriften des Alten Testaments unterscheiden streng zwischen Arbeiten aus lauterem oder gediegenem Gold und solchen, die mit Goldblech überzogen wurden.

Aber selbst die eigentliche Vergoldung, wie sie heute noch ähnlich geübt wird, ist älter als die uns in den Büchern Mosis geschilderten Arbeiten. In den ältesten ägyptischen Gräbern hat man nämlich Vergoldungen entdeckt, die vorzüglich erhalten waren und in der Art ihrer Ausführung ganz der heute noch üblichen *Polimentglanzvergoldung* entsprechen. Da diese Arbeiten aber eine komplizierte Technik erfordern, die nicht von heute auf morgen erfunden wird, sondern erst durch ineinandergreifende Arbeiten von Generationen in langsamem Aufbau zustande kommen kann, so müssen wir dieser ältesten Vergoldungstechnik im malerischen Sinne unbedingt ein Alter von vielen Jahrtausenden zugestehen. (Genaueres über die Art der Technik folgt bei der Beschreibung der Polimentvergoldung.)

Vorkommen und Gewinnung des Goldes

Wie schon im ersten Abschnitt kurz erwähnt, findet sich Gold in der Natur ziemlich häufig und allgemein verbreitet, allerdings fast nur in gediegenem Zustand, dennoch aber in verschiedenen Formen vor, bald in größeren oder kleineren Stücken und Stückchen von steinartiger Form, bald in Körnern, bald blätter- und nadelförmig, in Schuppenform oder als Goldsand. Ganz rein ist das natürlich vorkommende Gold nur selten. Es hat vielmehr häufig größere oder geringere Beimischungen anderer Metalle wie Silber, Quecksilber, Platin, Eisen u. dgl. Gold mit hohem Silbergehalt nennt man Elektrum. Auch in manchen der seltenen Edelmetalle findet sich Gold häufig, so im Palladium, Iridium, Rhodium usw. Selten ist das Vorkommen sogenannter Golderze, wie sie sich bei Freiberg in Sachsen fanden.

Das *gediegene* Gold ist zumeist in Form von Adern oder schwachen Gängen in Quarzgestein eingesprengt oder eingelagert. Aus diesem goldführenden Quarzgestein gelangt es bei der Zersetzung oder gewaltsamen Zerstörung der umgebenden Felsmassen in Freiheit und mit einem Absturz der Massen oder durch die treibende Kraft des Wassers tiefer zu Tal, bis ins Bett der Gebirgsbäche und Flüsse. Hier setzt es sich dann infolge seines großen spezifischen Gewichts zu Boden, oft reiche Goldlager bildend. Das an solchen Stellen, ehemaligen Flußablagerungsstätten, gefundene Gold gilt als das reinste und beste Gold; auch haben sich die größten bekannten, zum Teil historisch gewordenen Goldklumpen in solchen Ablagerungen gefunden, in Australien so z. B. ein Klumpen von 124 Kilogramm.

Goldgewinnung im Altertum

Im Altertum war das Gold vielfach in Ländern, die heute gar keine oder nur noch geringe Goldproduktion besitzen, reichlich vorhanden. Viele der alten Goldquellen sind uns allerdings ganz unbekannt, so besonders die im Alten Testament anscheinend so genau bezeichneten Goldländer.

Genauer ist unsere Kenntnis von der Goldgewinnung im alten *Ägypten*. Hier wurde das Gold schon um 1600 vor Christi Geburt in Bergwerken gewonnen. Vor Jahren fand eine zur Erforschung der altägyptischen Goldbergwerke ausgesandte englische Expedition im Verlauf ihres Unternehmens an zwölf Stellen die Überreste alter Goldgewinnungsanlagen, so unter anderem Mühlsteine, mit denen das goldhaltige Gestein gemahlen worden war, sowie die Ruinen und Mauerreste der früheren Baulichkeiten. Die zur Förderung angelegten Schächte und Stollen waren zum großen Teil durch Sand verweht und mit Schutt und Gestein angefüllt, so daß es in der zur Verfügung stehenden kurzen Zeit und bei dem Mangel an geeigneten Gerätschaften unmöglich war, sie bis auf den Grund zu untersuchen. Dagegen konnten in mehreren Fällen den goldführenden Quarzadern Gesteinsproben entnommen werden, die einen ganz bedeutenden Goldgehalt aufwiesen.

Herodot weiß von bergmännischer Goldgewinnung auf der Insel Siphnos und am Berge Pangräos zu berichten, und genau schildert er, wie die Inder das Gold holten, das sie dem Perser Darios als Tribut bringen mußten. Dieses Gold, sagt er, fanden sie zum großen Teil in einer Sandwüste, wo es Ameisen gab, kleiner als Hunde, aber größer als Füchse, die das Gold aufwühlen. »Die Inder nehmen dann dieses aufgewühlte Gold den Ameisen weg und bedienen sich zum Fortbringen der schnellsten Kamele, um den nachstellenden Ameisen zu entrinnen.« So unwahrscheinlich diese ganze Erzählung klingt, so liegt ihr doch wohl eine mißverstandene Tatsache zugrunde; außer von Herodot werden nämlich diese Ameisen und ihr Gold auch von der altindischen Dichtung Mahabharata erwähnt. Alexander von Humboldt deutete auf den Gleichklang verschiedener altindischer Worte hin, der möglicherweise eine Verwechslung (Aschiueta und Aschita, von denen das erstere der hindostanische Ausdruck für eine Art großer Ameisen ist, das zweite einen Leoparden bedeutet) bei den Gewährsmännern des gutgläubigen Herodot verursacht hat. Humboldt bemerkt außerdem hierzu, daß er bei seinem Aufenthalt in Mexiko gesehen habe, wie eine Ameisenart glänzende Körner aus Hyalt (einem Mineral) in ihre Nester schleppte.

Von den Massageten, einem im südlichen *Sibirien* lebenden Volksstamm, erzählte Herodot, daß bei ihnen Gold und Kupfer sehr gebräuchlich seien. Spieße, Pfeile, Streitäxte usw. machten sie aus Kupfer; Kopf, Gürtel und Leibgurt schmückten sie mit Gold. Die Pferde hatten einen kupfernen Brustharnisch, Zügel und Gebiß und der Kopfputz der Pferde aber waren golden. Eisen und Silber hätten sich gar nicht in ihrem Lande gefunden, Gold und Kupfer aber die Menge.

In *Kleinasien* wurde damals das Gold sowohl auf bergmännische Art als auch durch Waschen aus dem Sand der Flüsse gewonnen. Es müssen dort ganz unglaubliche Mengen Goldes gefunden worden sein, von denen man sich annähernd eine Vorstellung machen kann, wenn man liest, was schon Herodot über den Reichtum des Krösos erzählt, wenn man von dem unfaßbaren Luxus der später dieses Land beherrschenden Perserkönige und ihrer Satrapen vernimmt, und wenn man ferner liest, was noch die römischen Statthalter für Reichtümer aus diesen Gegenden gezogen haben. Über die Art der Gewinnung berichtet der römische Schriftsteller Appianus, daß in Kolchis, am *Ufer des Schwarzen Meeres,* das Gold aus den Flüssen gewonnen würde durch Hineinhängen von Schaffellen. Die schweren Goldkörner setzten sich in den zottigen Fellen fest und konnten später herausgenommen werden. Sehr nahe liegt die Folgerung, daß die Sage von dem Goldenen Vlies (einem in Kolchis im Heiligtum befindlichen goldenen Widderfell) und die damit im Zusammenhang stehende Sage vom Argonautenzuge durch die Nachrichten von dieser Goldgewinnung entstanden ist. Die *Griechen* und nach ihnen die *Römer* beuteten die Goldminen auf den Inseln des Ägäischen Meeres aus, später dann in Spanien, in Ungarn und im heutigen Frankreich. Auch Deutschland sowie die heute österreichischen Alpengebiete der Tauern, nach Strabo auch die Schweiz und die Oberrheingegend bis gegen Trier, sowie die Eifel lieferten damals den Römern ihren Tribut an Gold. In der Eifel erinnern noch viele Ortsnamen an das einstige Vorkommen von Gold, so Goldberg, Ormont, Orville. Als Cäsar mit den Eburonen, einem an der Maas ansässigen Volksstamm, Krieg führte und sie im Jahre 53 nach Christi Geburt niedergeworfen hatte, gewannen seine Soldaten so viel Gold, daß, als sie nach Rom zurückkamen, das Gold im Wert sank. Daß aber diese Goldfundstätten schon in vorrömischer Zeit ausgebeutet wurden, beweisen Funde von Münzen, die in der Schweiz, der Rheinpfalz und bei Bonn gemacht worden sind; diese Münzen zeigen teils gallisch-keltische, teils auch gräkisierende Prägung.

Bekannt, zumindest dem Namen nach, ist auch das Gold des Rheines, das *Rheingold.* Das Nibelungenlied weiß ja Wunder davon zu erzählen, und wenn auch der Rhein heute keine nennenswerten Erträge mehr liefert, so ließ doch noch Karl Theodor, der letzte Kurfürst der Rheinpfalz, Dukaten aus Rheingold prägen mit der Umschrift: Sic fulgent littora Rheni (So strahlen die Ufer des Rheins), und auch unter Ludwig I. von Bayern wurden noch 1830 ebenfalls solche Dukaten geprägt.

Mittelalter und Neuzeit

Die reichsten europäischen Goldquellen des Mittelalters lagen in Böhmen und Kärnten. Später, im 17. und 18. Jahrhundert, wurden auch die alten Werke in Ungarn und Siebenbürgen wieder ausgebeutet und lieferten zum Teil reiche Erträge.

Amerika nahm seit seiner Entdeckung sofort den ersten Platz unter den Gold liefernden Ländern ein. Die Westindischen Inseln, dann Mexiko und namentlich Peru, sowie das heutige Ecuador und Venezuela lieferten unendliche Mengen Goldes. Bekannt ist die Geschichte des peruanischen Herrschers Athahualpa, der für seine Freilassung aus der spanischen Gefangenschaft ein Zimmer bis an einen von ihm mit ausgestrecktem Arm gezeichneten Kohlestrich mit Gold füllen ließ, trotzdem dann aber hingerichtet wurde.

Im 19. Jahrhundert kam es zu neuen Goldfunden. Im Jahre 1819 wurden die heute noch ergiebigen Gruben des *Uralgebirges* entdeckt, 1827 weitere in *Sibirien.* In *Europa* ist die Ausbeute an Gold gegenwärtig relativ gering. Die Lager in *Spanien,* früher Hauptfundorte, sind abgebaut. Dasselbe gilt von den alten Goldfundstätten und Bergwerken in *Frankreich.* In *England* sind noch einige Bergwerke in Betrieb. Auch in *Deutschland* wird noch etwas Gold gefunden, mehr aber in *Siebenbürgen* in Rumänien.

Der frühere sagenhafte Reichtum *Indiens* an Gold ist sehr gesunken. *China* dagegen weist eine ziemlich bedeutende Produktion auf. Auch auf *Borneo* findet sich Gold und die schon erwähnten Wäschereien in *Kleinasien* sind ebenfalls noch ergiebig und in Betrieb.

In *Afrika* findet Goldgewinnung statt im Senegal und in Abessinien, mehr aber in Südafrika.

Amerika galt, und zwar mit Recht, mehr als drei Jahrhunderte lang als das klassische Goldland, das tatsächlich unerschöpflich zu sein scheint. Hatten schon die Spanier und Portugiesen unermeßliche Goldschätze von dort nach Europa gebracht, so wurde doch dieses alles verdunkelt durch die im Jahre 1847 gemachten Funde in Kalifornien und später auch in den benachbarten Staaten der nordamerikanischen Union. Eine Erneuerung des damals grassierenden Goldfiebers erlebte man, als 1897 die Goldfelder am Klondyke entdeckt wurden. Außerdem liefern in Amerika noch Gold die französischen Besitzungen von Guayana, ferner Brasilien und Neuschottland.

Australien hat seit der 1851 erfolgten Entdeckung der dortigen Goldfelder eine riesige Ausbeute geliefert. Besonders vielfache Funde von außergewöhnlich großen Klumpen haben den Ruf Australiens als Goldland weit verbreitet. Die Goldfelder liegen dort teils in älteren aufgeschwemmten Schichten aus der Tertiärzeit, zum Teil aber auch, wie die Ballaratfelder und die Fundstätten in Queensland, in Gemeinschaft mit Quarz im festen Gebirge. – In den Feldern von *Neusüdwales* fand ein Schäfer einen Goldklumpen von mehreren Zentnern, in den zu gleicher Zeit entdeckten Feldern von Ballarat im Staate Viktoria wurden ebenfalls riesige Klumpen gefunden.

Die Goldgewinnung

Wie das Gold aus den Fundstätten herausgeholt wird, ist natürlich von der Art des Vorkommens abhängig und dementsprechend sehr verschieden. An Stellen, wo Wasser in genügender Menge zur Verfügung steht, spielt dieses bei der Absonderung des Goldes aus dem führenden Gestein oder dem Flußsand eine sehr große Rolle. Die ursprüngliche Methode des Goldwaschens unter Zuhilfenahme von Schaffellen ist schon erwähnt worden. Ebenso alt mag die Methode des Waschens von goldführendem Sand in flachen Gefäßen oder Schüsseln sein, die darauf beruht, daß beim Schütteln des Gefäßes unter Wasser die leichteren Sand- und Erdeteilchen vom Wasser weggeführt werden, wogegen das schwerere Gold sich am Boden sammelt. Es ist ohne weiteres klar, daß diese Arbeitsweise nicht rationell war, da auch viele der feineren Goldteilchen mit dem abfließenden erdigen Wasser verlorengehen mußten. Besser ist das sogenannte Wiegensystem, bei dem der goldhaltige Sand in die »Wiege« kommt, dort von fließendem Wasser durchgearbeitet wird und seinen Gehalt an Gold am Boden absetzt. – Verschiedene andere Arten dieses Systems, etwas variiert, namentlich sehr verlängert, sind in Kalifornien angewendet worden, darunter Vorrichtungen, die, wie die sogenannte Schleuse, an einem Tage 18000 Kilogramm goldführende Sandmassen durchwaschen konnten. – Noch energischer arbeitet man in Kalifornien mit Hilfe starker Wasserleitungen nach der sogenannten hydraulischen Methode. Hierbei wird durch den Wasserstrahl das feste, Gold enthaltende Gestein zertrümmert, zugleich abgeschwemmt und in Waschvorrichtungen geleitet, die das Gold auffangen. In Australien hat man zur Extrahierung der feinen Goldteilchen aus dem Sand besondere Siebe konstruiert, bei denen der feinste Sand durch Luftdruck weggeblasen wird und nur das schwerere Gold zurückbleibt.

Das auf *bergmännische* Art geförderte Gold muß einen besonderen Prozeß durchmachen, in dem die fremden Bestandteile abgesondert werden; hierbei wird vielfach Quecksilber und neuerdings auch Elektrizität verwendet. Das so gewonnene Gold ist zumeist aber noch silberhaltig und wird, um es auch vom Silber zu trennen, der sogenannten Goldscheidung unterworfen. Hierzu gibt es eine ganze Reihe von Verfahren.

Es ist hier nicht möglich und nötig, noch eingehender die einzelnen Fragen der Gewinnung von Gold zu behandeln. Wohl aber sollte sich auch der Maler oder der Vergolder, der mit Vergoldungsarbeiten zu tun hat, klar darüber sein, welche besonderen Eigenschaften dieses Material hat, welche Lösungen und Legierungen möglich sind und was hinsichtlich der Echtheit dieses kostbaren Metalls beachtet werden muß.

Darauf sei nun noch kurz eingegangen, ehe die Vergoldungstechniken im einzelnen besprochen werden.

Chemische und physikalische Eigenschaften des Goldes

Elementbesonderheiten

Die Chemie zählt das Gold zu den Elementen, d. h. zu den unveränderlichen und nicht weiter zerlegbaren Grundstoffen, und zwar zur Gruppe der Schwermetalle. Mit Silber und Platin bildet es innerhalb dieser Einteilung wiederum eine besondere Gruppe, die dadurch gekennzeichnet ist, daß diese drei Metalle das Wasser nicht zerlegen und daß sie selbst beim Erhitzen nicht oxidieren. Gold zeichnet sich besonders durch seine große Unveränderlichkeit und seine geringe Empfindlichkeit gegen diejenigen Substanzen aus, die sonst als Lösungsmittel für Metalle zur Anwendung kommen. Besonders gegenüber der atmosphärischen Luft, die fast alle anderen Metalle bei längerer Einwirkung zum Oxidieren bringt, ist Gold absolut unempfindlich. Es wird auch vom Sauerstoff nicht angegriffen, ebensowenig von einfachen Säuren und Alkalien, selbst in Wärme nicht. Dagegen löst es sich im sogenannten Königswasser, einer Mischung aus 4 Teilen Salzsäure und 1 Teil Salpetersäure. (Der Name Königswasser, aqua regia, ist noch ein Erbstück der Alchimisten, die Gold als den König der Metalle ansahen und ihm als Zeichen das Bild der Sonne gegeben hatten, und die kein anderes Lösungsmittel als eben diese Mischung kannten.) – Heiße, konzentrierte Schwefelsäure, der etwas Salpetersäure zugegeben ist, vermag ebenfalls das Gold aufzulösen. Ferner löst es sich in vielen Chlor entwickelnden Flüssigkeiten, namentlich in den Chlor- (und Brom-)Verbindungen des Nickels, des Kobalts und des Mangans.

Verschiedene Goldlösungen

Die meisten Goldlösungen sind technisch wichtig, u. a. für die Vergoldungen, die auf chemischem Wege erzielt werden. Die Lösung von Gold in Königswasser ist Goldchlorid oder Chlorgold. In festem Zustande sind es lange, gelblich-farbige Kristalle von nadelartiger Form, die aus der Luft Wasser anziehen und zuletzt zu einer rötlich-gelben Masse zerfließen. Dieses Chlorgold wird u. a. bei der Feuervergoldung benützt. In Äther aufgelöst, dient Chlorgold zum Vergolden von Stahl. Mit Ammoniak gemischt, bildet sich aus Chlorgold das sogenannte Knallgold, eine sehr leicht explodierende und deshalb feucht aufzubewahrende Substanz, die ebenfalls zum Vergolden dient.

Das Chlorgold ist außerdem insofern wichtig, als es einen sehr geeigneten Ausgangspunkt zur Herstellung anderer Goldverbindungen darstellt, die wiederum für manche Techniken sehr bedeutungsvoll sind.

Löst man z. B. Zinn in Königswasser und setzt diese Lösung einer Goldchloridlösung zu, so erhält man den sogenannten Goldpurpur, einen Niederschlag von roter bis braunschwarzer Farbe. Dieser Goldpurpur, von dem Arzt Cassius in Leyden im 17. Jahrhundert erfunden und nach ihm auch Cassiusscher *Goldpurpur* genannt, dient in der Glas- und Porzellanmalerei zur Erzeugung mehrerer besonders leuchtkräftiger Farben von Rot bis zu Violett und ferner in der Glasfabrikation zur Herstellung des sogenannten Rubinglases.

Durch Auflösen von Goldchlorid in Zyankalium entsteht Zyangold, auch *Goldzyanid* genannt, ein für die galvanische Vergoldungsmethode sehr wichtiges Präparat. – Erhitzt man eine neutrale Goldchloridlösung mit doppeltkohlensaurem Natron, so erhält man nach dem Trocknen des Niederschlages ein schwarzbraunes Pulver, *Goldoxid,* das wie das Goldchlorid sehr leicht zerfällt und bei Behandlung mit Alkalien goldsaure Salze bildet. Dieses Goldoxid dient gleichfalls zur Knallgoldherstellung.

Goldlegierungen

Sehr wichtig sind die verschiedenen Goldlegierungen, d. h. Vereinigungen von Gold mit anderen

Metallen wie Silber, Kupfer, Zinn, Zink usw. Je nach Art und Menge des Zusatzes dieser Metalle wird das Gold in seiner Erscheinung und seinen Eigenschaften verschieden beeinflußt.

Namentlich die *Farbe* und die *Dehnbarkeit* des Goldes verändern sich sehr durch solche Zusätze.

Am geeignetsten als Legierungsmaterial sind Kupfer und Silber, weil beide, wenn der Zusatz nicht zu groß genommen wird, die Dehnbarkeit nicht sehr einschränken. Durch Kupfer verändert sich die Farbe ins Rötliche, Silberzusatz macht das Gold blaß und grünlich-schimmernd. Kupfer und Silber zugleich zugesetzt, beeinflussen die Farbe nicht so sehr. Zur Vereinigung der Metalle mit dem Gold wird dieses zuerst geschmolzen, dann werden Kupfer und Silber zugegeben.

Die Karatrechnung

Ganz reines Gold wird selten, eigentlich fast gar nie verwendet. Die Bestimmung der Menge der in einer Goldlegierung enthaltenen Zusätze erfolgt in verschiedener Weise, in älterer Methode nach Karaten und neuerdings nach Tausendsteln.

Als Grundlage der Karatrechnung galt die Mark, die in 24 Teile (Karate), von denen wieder jedes in 12 Gran teilbar war, eingeteilt war. Die Bezeichnung wurde derart gehandhabt, daß der Gehalt an Feingold durch die Karatziffer ausgedrückt wurde, so daß z. B. unter zehnkarätigem Gold eine Legierung zu verstehen ist, die 10 Teile reines Gold und 14 Teile anderer Metalle enthält. 20karätiges Gold enthält 20 Teile Gold und 4 Teile Zusätze.

Für bestimmte Legierungen waren und sind zum Teil noch heute besondere Benennungen üblich. So bezeichnet man 23karätiges Gold als *Dukatengold*. Als *Federgold* gilt eine Legierung aus 16 Teilen Gold, 2 Teilen Silber und 6 Teilen Kupfer, als *Nürnberger Gold* eine aus 1 Teil Gold, 1 Teil Silber und 22 Teilen Kupfer.

Bei der Bestimmung nach *Tausendsteln* wird angegeben, wieviel reines Gold in einem Milligramm der Legierung enthalten ist.

Goldamalgam

Von besonderer Art und Wichtigkeit ist die Verbindung des Goldes mit dem einzigen bei normaler Temperatur flüssig bleibenden Metall, dem Quecksilber. Mit diesem vereinigt es sich, wie die anderen Metalle, zu einem Amalgam, Goldamalgam, wobei auf 10 Teile Quecksilber, 1 Teil Gold gerechnet wird; die beiden Metalle vereinigen sich beim Erhitzen.

Dieses Goldamalgam wird u. a. bei der Feuervergoldung verwendet.

Goldfärbungen

Die Farbe einer Goldlegierung kann, wenn der Goldgehalt 14 Karat nicht übersteigt, durch chemische Behandlung in verschiedener Weise abgeändert werden. Meist hat diese Farbbeeinflussung den Zweck, der Legierung möglichst das Aussehen reinen Goldes zu verleihen. Man bereitet hierzu eine Mischung aus zwei Teilen wasserfreiem (in der Wärme getrocknetem) Kochsalz und vier Teilen Natronsalpeter, löst sie zusammen in Wasser auf und dampft diese Lösung bis zum Trocknen ein. Dann setzt man drei Teile Salzsäure hinzu und erhitzt alles bis zum Kochen. In diese kochende Mischung bringt man die zu färbenden Teile und bewegt sie darin hin und her; sie müssen so lange darin bleiben, bis die gewünschte Färbung erreicht ist.

Nach Vollendung des Färbeprozesses wäscht man die Gegenstände zuerst in heißem Wasser ab und dann mit kaltem Wasser nach, so daß alle Spuren des Bades beseitigt werden. Die Veränderung der Farbe des Goldes wird hierbei dadurch hervorgerufen, daß sich in dem Salzsäurebad sowohl Teile der Legierungsmetalle als auch etwas von dem Golde löst. Dieses Gold aber bleibt nicht in Lösung, sondern es setzt sich auf der Oberfläche des Gegenstandes wieder an, und dieser erhält so eine zwar sehr dünne, doch für den Zweck genügende Decke aus reinem Gold.

Nach einer anderen Methode, speziell für kupferlegiertes Gold, wird der Gegenstand geglüht, wobei sich das Kupfer an der Oberfläche in Oxid von schwarzer Farbe verwandelt. Dieses Kupferoxid beseitigt man durch Eintauchen in verdünnte Schwefelsäure, die es löst; es bleibt dann an der Oberfläche ein reines Goldhäutchen zurück.

Legierungen aus Gold, Kupfer und Silber werden ebenso behandelt, nur statt in Schwefelsäure in verdünnte Salpetersäure getaucht.

IX–XI Details und Gesamtansicht der Kanzel von Johann Wolfgang von der Auvera
erbaut 1745, in der Kirche St. Peter und Paul in Würzburg, nach der Neufassung

Die durch Kriegseinwirkung stark zerstörte Kanzel konnte erst im Jahr 1982 gründlich erneuert werden. Weil viele Teile verbrannt waren und die ausgelagerten Figuren durch Aufbewahrung in einem feuchten Keller in ihrer Fassung stark gelitten hatten, entschloß man sich, nach vorzüglicher bildhauerischer Ergänzung an Hand von guten Archivbildern, zu einer vollkommenen Neufassung.
Zu Hilfe kam dabei eine noch erhaltene Kanzel in einer Abteikirche, die vom gleichen Künstler einige Jahre nachher gefertigt wurde. So konnte die Technik der Marmormalerei und Vergoldung, die Fassung der erhalten gebliebenen Figuren, genau studiert werden und an Ort und Stelle Marmorproben und Goldmuster abgenommen werden.
Die Kanzel wurde in verschiedenen Gold- und Silbertönen auf Polimentgrund matt und glanz vergoldet; dazwischen Marmorierungen in gedämpftem Rot, Schwarz und Grau. Bei den Figuren, deren Gewandungen vergoldet wurden, konnte man nach alten Originalen die Inkarnate naturalistisch farbig fassen.
Die Kanzel ist ca. 9 m hoch und strahlt in neuem Glanz. Absichtlich wurde auf eine Patinierung verzichtet, denn in einigen Jahren setzt sich durch Staub und Weihrauch die originale Patina an.

IX

X

XI

XII, XIII Zwei Schmuckplatten in edler Goldtechnik

Besonders diffizile Techniken erfordern oft ein großes Gefühl für Maßstab und Verhältnis von Form und Werkstoff. Das ist besonders bei Goldtechniken und ihrer Verwendung als Schmuckstücke im Raum zu bedenken. Die Schmuckplatte (Abb. XII) ist als Heimatplatte gedacht. Symbole der Umgebung, Zeichen und charakteristische Bauten sollen aussagekräftig sein. Damit alles lebendig und harmonisch wirkt, wurden die einzelnen Typen schachbrettartig auch in der Goldfarbe verteilt. Gebäudeplatten in dunklerem Gold, die Symbolplatten in hellem Zitronengold. Diese Goldplatten werden mit Klebebändern oder Messingschrauben auf eine Grundplatte befestigt. Diese Grundplatte erhält einen farbigen Ton, der die Goldwirkung noch unterstreichen kann. Damit kann man in repräsentativen Räumen Wandflächen oder Türflächen besonders hervorheben.
Technikbeschreibung:
Preß- oder Sperrplatten werden auf Kreidegrundbasis bearbeitet. Darauf zeichnet man die Motive auf. Mit Gravierstichel werden Linien und Formen in den Kreidegrund geritzt. Hier muß man beachten, daß der Kreidegrund nicht zu hart ist und zu lange steht. Auch eine schöne, glatte, dickschichtige Fläche muß vorhanden sein. Einzelne Teile werden dann wiederum plastisch mit warmem Kreidegrund ergänzend erhöht aufgetragen. Nun wird eine sorgfältige Vergoldung vorgenommen, entweder alles in einer Goldsorte oder schachbrettartig abwechselnd.
Einzelne Teile werden danach poliert, während Hintergründe matt stehen bleiben. Für spätere Haltbarkeit ist es ratsam, die gesamte Fläche mit Silber-Zaponlack zu übersprühen.

▷

XII

XII Goldplatte für die Stadt Würzburg. Darstellung des Stadtbildes in der Mitte, darüber Wappen von Würzburg, darunter Wappen Franken-Bayern. Mitte oben Festung Marienberg, unten der alte Kranen.
Linke Reihe: Neumünster-Kirche, das Rathaus.
Rechte Reihe: Evang. Stephanskirche, darunter die alte Anatomie.
Die Symbole für Musik, Architektur, Wissenschaft, Weinbau, Braukunst und Bäckerhandwerk weisen auf die besonderen Schwerpunkte der Stadt Würzburg hin.
Entwürfe und Ausführung von R. Pracher und Mitarbeitern.

XIII

*XIII Familienplatte für einen Arzt.
Hier wird auf die Tätigkeit in Würzburg, der Herkunft der Ehefrau, und das Familienwappen Bezug genommen.*

Echtheitsprüfungen bei Gold

In vielen Fällen läßt sich recht einfach untersuchen, ob es sich um echtes Gold oder um Imitation handelt. Es seien hier einige solcher Untersuchungsmethoden angegeben, die speziell für Maler und Vergolder von Bedeutung sind. Muß doch der Maler oft genug für Vergoldungen im Freien usw. eine langjährige Garantie übernehmen: dies kann er aber nur dann, wenn das von ihm verarbeitete Material auch echt und gut ist. Um festzustellen, ob ein zu untersuchendes Gold, auch Blattgold, rein von *fremden Bestandteilen* ist, wendet man verschiedene Mittel an. Reines Gold wird von konzentrierter Ätznatronlauge nicht beeinflußt oder verändert, auch von Salzsäure nicht. Zeigen sich bei der Behandlung von Gold mit diesen Mitteln Flecken oder dergleichen, so ist das Gold nicht rein. Auch in chemisch reiner Salpetersäure von 36–40° Baumé* löst sich Gold nicht auf; erwärmt man aber das Gold, z. B. ein Stück Blattgold, mit der Salpetersäure, gießt dann die Säure ab und setzt dieser Säure Salmiakgeist bis zur Übersättigung zu, so kann man je nach der hierbei entstehenden Färbung ziemlich sichere Schlüsse auf die Reinheit des Goldes und auf die Art der Zusätze ziehen. Enthält das Gold Kupfer, so wird die Mischung blau; enthält das Gold aber Blei, so wird es weiß gefärbt.

Will man Gold auf einen *Gehalt an Silber, Zink oder Zinn* untersuchen, so löst man Gold in Königswasser auf und setzt dieser Lösung dann Schwefelsäure zu. Bei Anwesenheit von Zink verbindet sich dieses mit der Schwefelsäure zu Schwefelzink in Form eines weißen Niederschlages. Wenn man aus der obengenannten Goldlösung das Gold mittels metallischem Zink oder Kupfer ausfällt und dann der überbleibenden Lösungsflüssigkeit Schwefelammonium zusetzt, so bildet sich, wenn das Gold Zink enthält, ein weißer Niederschlag; ein brauner Niederschlag dagegen zeigt, daß die untersuchte Goldprobe Zinn enthält. Setzt man der Lösungsflüssigkeit statt des Schwefelammoniums Salzsäure zu und entsteht darauf ein weißer, käsiger Niederschlag, so enthält das Gold Silber als Beimischung. Einen Silbergehalt kann man auch in der Weise feststellen, daß man der in möglichst wenig Königswasser gelösten Goldprobe destilliertes Wasser zusetzt. Beigemischtes Silber wird dadurch aus der Lösung als weißer Niederschlag (Chlorsilber) gefällt. Schmilzt man reines Blattgold vor dem Lötrohr auf Holzkohlen, so bildet sich ein Goldkügelchen.

Unechtes Blattgold, »Metallgold«, löst sich im Gegensatz zum echten Gold in reiner Salpetersäure mit blauer Farbe. Auch in Salzsäure löst es sich unter Bildung eines kupferfarbenen Rückstandes. Ätznatronlauge dagegen beeinflußt es nicht. Vor dem Lötrohr geglüht, läuft unechtes Blattgold zuerst bunt an, schmilzt dann und hinterläßt einen schwarzen Rückstand. Zur Untersuchung von Goldgegenständen wird vielfach die Goldprobe auf dem sogenannten Probierstein, einem geschliffenen, harten Schieferstein, durchgeführt. Auf einem solchen Stein reibt man den zu prüfenden Gegenstand, so daß ein sichtbarer Strich entsteht; diesen Strich betupft oder begießt man dann mit Salpetersäure. Bleibt der Strich ganz oder doch in feinen Strichelchen und Pünktchen stehen, so liegt echtes Gold vor. Wird aber der Strich weiß oder verschwindet er ganz, so ist der Gegenstand nur schwach goldhaltig oder auch ganz frei von Gold.

Zur Untersuchung von *Vergoldungen* gibt es ebenfalls mehrere Mittel. Eine verdünnte Lösung von Kupferchlorid greift echte Vergoldung gar nicht an, auf unechter Vergoldung aber erzeugt sie einen schwarzen Flecken. Echte Vergoldung erkennt man beim Behandeln mit salpetersaurem Quecksilberoxidul daran, daß sie sich nicht verändert. Unechte Vergoldungen werden an der mit der Quecksilbersalzlösung benetzten Stelle weiß und nach einiger Zeit dunkelgrau. Blattgold und Goldpapier lassen sich auch nach dieser Methode untersuchen.

Echtheitsprüfungen bei Silber und Aluminium

Im Anschluß mögen auch einige Methoden zur *Untersuchung von Silber* angegeben werden: Reines Silber, Blattsilber z. B., löst sich in Salpetersäure ohne Rückstand, also vollständig auf. Etwa in der Lösung bleibende schwarze, kleine Flimmerteilchen lassen die Anwesenheit von Gold vermuten. Eine grün-blaue Färbung der Lösung bedeutet, daß das Silber kupferhaltig ist. Ein weißer Niederschlag deutet auf Zinn. Wenn man weiter diese Silberlö-

* Baumé ist eine Maßeinheit für das spezifische Gewicht mit dem Zeichen Bé, nach dem französischen Chemiker Baumé benannt.

sung mit Salmiakgeist bis zur Übersättigung versetzt und sie klar und durchsichtig bleibt, so war das Silber rein. Eine leicht blaue Färbung deutet auf Kupfer, eine Trübung auf Blei- oder Wismutgehalt. Salzsäure und Ätznatron greifen metallisches Silber nicht an. Chromsäure erzeugt auf reinem Silber dunkelrote Flecken. Wenn man Silber vor dem Lötrohr glüht, so schmilzt es zu einem Silberkörnchen.

Unechtes Blattsilber, eine Legierung aus Zinn und Zink, löst sich, im Gegensatz zum echten Silber, in Salzsäure, und Ätznatronlauge färbt es schwarz. Vor dem Lötrohr geglüht, läuft es weiß an.

Zur Unterscheidung echter und unechter Versilberung dient als einfachstes Mittel eine Mischung aus gleichen Teilen Salpetersäure und einer gesättigten Lösung von doppeltchromsaurem Kali. Betupft man echte Versilberung damit, so entsteht ein roter Flecken. Auf unechter Versilberung erzeugt diese Mischung entweder einen andersfarbigen oder keinen Flecken.

Aluminium löst sich im Gegensatz zu Silber in Salzsäure oder Ätznatronlauge auf. Auch Essigsäure und andere organische Säuren zersetzen es. Salpetersäure dagegen, die Silber löst, vermag Aluminium nicht aufzulösen, Schwefelsäure nur bei Erwärmung.

Allgemeines über die Vergoldung

Zur Entwicklung der Vergoldeverfahren

Die trotz der weiten Verbreitung sich bald fühlbar machende relative Seltenheit und der dadurch bedingte hohe Wert des Goldes hatten den Menschen bald darauf gebracht, das Gold nicht allein in massiver Form und in sich abgeschlossenen Gegenständen zu verarbeiten, sondern es in dünner Schicht zum Überziehen von Gegenständen aus anderem, billigerem, in statischer und konstruktiver Hinsicht aber oft besser als das Gold geeignetem Material, wie Holz, Gestein, Metalle usw., zu verwenden. Mit anderen Worten: Der hohe Wert des Goldes führte zur Erfindung des Vergoldens. Die leichte Bearbeitungsmöglichkeit und die große Dehnbarkeit des Goldes begünstigten diese Verwendungsart in hohem Maße. Diese Erfindung muß schon in frühester vorgeschichtlicher Zeit gemacht worden sein, denn die Vergoldung begegnet den Archäologen, wir sprachen schon davon, bereits an den ältesten Denkmälern.

Durch die Erfindung des Vergoldens wurde die Anwendung des Goldes in den verschiedensten Gewerben möglich. War es ursprünglich nur das Material für Goldschmiede gewesen, so brauchte es nun z. B. auch der Waffenschmied zur Ausschmükkung seiner Erzeugnisse; Tischler und Metallgießer überkleideten Teile ihrer Arbeiten damit, und immer häufiger bedienten sich auch der Maler und der berufsmäßige Vergolder des ihnen vom Goldschläger in passender Blattform gelieferten edlen Materials, um den Arbeiten an Decke und Wand, an Bildern, an Möbeln usw. mehr Pracht zu verleihen. Durch den auf solche Art vermehrten Goldverbrauch sowie durch den steigenden Bedarf an Münzen usw. erhöhte sich der Wert des Goldes mehr und mehr. Diese Wertsteigerung mußte die Technik naturgemäß dazu drängen, Mittel und Wege zu suchen, die es erlaubten, die Vergoldung trotz höchster Wirkung und Vollendung in möglichst billiger und einfacher Weise auszuführen. Dieses Suchen und Streben und das damit verknüpfte Experimentieren blieb denn auch nicht erfolglos, und der heutigen Technik steht eine ganze Reihe von Vergoldungsmethoden zu Gebote, darunter solche, die auch den höchsten Ansprüchen in jeder Beziehung gerecht zu werden vermögen.

Nach der Art des zur Anwendung kommenden Arbeitsprinzips kann man die vielen Vergoldungsarten in zwei Gruppen einteilen. Bei der einen wird das in eine entsprechende Form gebrachte Gold in mechanischer Weise durch irgendein Mittel auf dem zu schmückenden Gegenstand befestigt; bei der anderen wird der Goldüberzug chemisch hergestellt.

Die Vergoldungsarten der zweiten Gruppe, die chemischen, sind alle – ausgenommen die sogenannte Feuervergoldung – neueren Ursprungs. Ihre höchste Vollendung erreichten sie erst in dem letzten Jahrhundert durch die Entwicklung der galvanischen Vergoldung.

Älteren Ursprungs sind die Methoden der Vergoldung auf *mechanischem* Wege. Es gehören hierher das sogenannte Plattieren metallener Gegenstände mit Gold, das im Alten Testament so anschaulich geschilderte Überziehen von Holzgegenständen mit Goldblech – eine heute ganz verschwundene, sehr kostspielige Technik –, die Erzeugung von vergoldetem Draht, und endlich die Vergoldung mit Hilfe eines klebenden Grundes, auf den das zu dünnsten Blättchen ausgeschlagene Gold aufgelegt wird, d. h. die Vergoldungsmethode der Maler und Berufsvergolder, die uns hier vor allem angeht.

Hauptanwendungsgebot: Maßhalten

Für die dekorativen Künste ist die Vergoldung stets von hoher Bedeutung gewesen. Dabei kam es im Verlauf der kunst- bzw. architekturgeschichtlichen Entwicklung zu immer wieder anderen Gepflogenheiten, in denen sich – in bezug auf die Anwendung von Goldeffekten – besonders auch die ganze Auffassung der verschiedenen Zeiten zu dem, was kostbar erscheinen soll, ausdrückte.

Abgesehen von gelegenheitsbestimmten Sonderdekorationen sollte man Gold gewöhnlich nur dort anwenden, wo der Eindruck wirklicher Kostbarkeit angemessen ist. Wird diese Grundregel nicht beachtet, zeugt dies stets von mangelndem Gefühl für Wert und von schlechtem Geschmack. Dabei ist zu beachten, daß Gold um so mächtiger wirkt, je größer die damit versehene Fläche bzw. der überzogene Gegenstand ist. Im allgemeinen tut man gut, wenn man sich in dieser Hinsicht zurückhält und Gold gewissermaßen nur als überhöhenden Spitzeneffekt verwendet. So galt schon zu allen Zeiten eines hohen Standes der Künste die Regel, jede unangemessene Häufung von Vergoldung zu vermeiden, ja sparsam mit Hochglanz-Goldeffekten umzugehen. Das gilt nicht zuletzt auch auf dem weiten Gebiet der Rahmenvergoldung, die stets dem einzufassenden Bild angemessen bleiben muß.

Auch wenn Vergoldung in Räumen bzw. an Einrichtungsgegenständen angewendet wird, ist stets ein sorgfältiges Maßhalten anzuraten. Im Zweifelsfall ist es immer besser, eher zuwenig als zuviel zu vergolden. Immer sollte man sich an die Grundregel halten, daß jeder Goldeffekt tatsächlich als Kostbarkeit in seiner Umgebung wirken soll, gleichsam als Überhöhung. Kostbares aber muß selten bleiben. Zu bedenken ist schließlich hier noch, daß die meisten Vergoldungen für lange Zeit gedacht und entsprechend auszuführen sind. Es ist deshalb von vornherein nicht nur die augenblickliche Wirkung zu berücksichtigen, sondern auch die zukünftige, von den Erfordernissen einer guten Haltbarkeit ganz abgesehen.

Kurzer Überblick über die Vergoldetechniken

Im Rahmen dieses Buches interessieren in erster Linie jene Vergoldungstechniken, die in der Vergolder- bzw. Malerarbeit als Blattgoldausführungen üblich sind. Daneben gibt es aber noch die verschiedensten sonstigen Vergoldeverfahren, auf die hier zwar nicht ausführlicher eingegangen wird, die jedoch kurz in einen allgemeinen Überblick einbezogen werden sollen:

1. *Die galvanische Vergoldung* ist wohl die wichtigste der außer den Blattvergoldungen durchgeführten Vergoldearbeiten. Hierbei wird der zu vergoldende Gegenstand (es kommen nur Metalle in Betracht) auf elektrischem Weg mit einer dünnen Goldschicht überzogen. Das als Überzug dienende Gold wird aus der Lösung eines Salzes durch den elektrischen Strom ausgeschieden und auf Grund chemischer Verwandtschaft auf dem in der Lösung befindlichen Gegenstand abgesetzt. Durch Regulierung der Dauer, in der man den Gegenstand in der Lösung beläßt, kann man die Stärke und Dichte der Golddecke variieren. Auch die Farbe der Vergoldung ist zu beeinflussen. Kupfer zur Goldsalzlösung ergibt eine rote, Silber eine grünliche Tönung. War der zu vergoldende Gegenstand bereits vorher glänzend, so glänzt auch die Vergoldung, war er matt, so wirkt auch diese matt. Die Haltbarkeit ist verhältnismäßig begrenzt.

2. *Die Kontaktvergoldung* ist der galvanischen ziemlich ähnlich. Auch sie erfolgt auf elektrischem Weg, jedoch ohne besonderen Apparat. Der zur galvanischen Vergoldung verwendeten Flüssigkeit wird noch Kochsalz zugesetzt und das Ganze dann in einem eisernen bzw. glasierten Tiegel erhitzt. Der zu vergoldende Gegenstand wird in diese Flüssigkeit gehängt; mittels einer durch Zink bewerkstelligten Verbindung wird bewirkt, daß sich auf dem Gegenstand eine Goldschicht von ähnlichen Eigenschaften wie bei der galvanischen Vergoldung ansetzt.

3. *Die Feuervergoldung* beruht auf der Eigenschaft des Goldes, sich mit Quecksilber zu einem Amalgam zu vereinen. Es ist die älteste der auf chemischen Vorgängen beruhenden Vergoldungstechniken, die wesentlich haltbarere Überzüge ergibt als die beiden vorbeschriebenen Verfahren. Dazu kurz dies: Das zu vergoldende Stück wird zuerst in Kohlenfeuer geglüht, darauf mit Säure gelb gebrannt und mit einer Lösung von salpetersaurem Quecksilberoxid bestrichen. Auf den so präparierten Grund wird dann das Goldamalgam aufgetragen, leicht mit Wasser abgespült und nach dem Trokkenwerden unter einem Rauchfang erhitzt. Hierbei verflüchtigt sich das Quecksilber und läßt das Gold als festen Überzug auf dem Gegenstand zurück. – Als Unterlagemetall dient in der Regel das bekannte Legierungsmetall Tombak. Die Feuervergoldung gibt übrigens keine glatte und glänzende Decke, auch auf poliertem Grunde nicht, sondern sie muß erst poliert werden. Dies geschieht durch Bearbeiten der Vergoldung mit Messingbürsten und nachfolgendes Abreiben mit Blutstein. – (Eine Art Verbindung der galvanischen Vergoldung mit der Feuervergoldung stellt eine andere Methode dar, bei

der die zu vergoldenden Gegenstände zuerst auf galvanischem Wege mit Quecksilber, dann mit Gold und zuletzt wieder mit Quecksilber überzogen werden. Das Quecksilber wird anschließend in der schon erwähnten Weise durch Erhitzen zum Verflüchtigen gebracht – es wird »abgeraucht« – und es bleibt ein Goldüberzug zurück. Achtung: Giftige Dämpfe.) Die Feuervergoldung wird heute kaum angewendet. Sie ist von der galvanischen Vergoldung abgelöst worden.

4. *Die Amalgamvergoldung* ist oft bei der Vergoldung von Eisen- und Stahlartikeln üblich. Gegenstände aus diesen Metallen werden durch Kochen in einer Mischung aus Quecksilber, Zink, Eisenvitriol, Salzsäure und Wasser mit einem Amalgamüberzug versehen; erst auf diesen wird das Goldamalgam aufgetragen, welches dann ebenfalls abgeraucht wird. Die Zusammensetzung des Goldamalgams ist von Einfluß auf die Farbe der Vergoldung. War das Amalgam silberhaltig, so wird die Vergoldung grünstichig; kupferhaltiges Amalgam gibt der Vergoldung einen rötlichen Schein. (Aber auch nachträglich kann die Farbe der Vergoldung noch abgeändert werden, nämlich durch Eintauchen der vergoldeten Sachen in Glühwachs. Dieses ist nicht etwa gewöhnliches Wachs, sondern eine Mischung aus Bienenwachs, Alaun, Bolus und Grünspan oder, in anderer Zusammensetzung, Wachs, Borax, Zinkvitriol, Eisenvitriol, Kupfer- und Eisenoxid und Grünspan. Der für den Färbungsprozeß fast allein wirksame Bestandteil der beiden Wachsmischungen ist der Grünspan, da dieser die Goldschicht chemisch beeinflußt. Die vergoldeten Gegenstände werden erhitzt, noch heiß in die ebenfalls heiße Wachsmischung getaucht und sodann über Kohlenfeuer abgebrannt. Bei dieser Manipulation verbindet sich das im Grünspan enthaltene Kupfer mit dem Gold, dieses wird – wenigstens in seiner obersten Schicht – dadurch kupferhaltiger und dementsprechend rötlicher gefärbt.)

5. *Die griechische Vergoldung* wird fast nur zum Vergolden von Gegenständen aus Silber angewendet, indem man diese in eine Lösung von Ammonium-Quecksilberchlorid und Gold in Salpetersäure taucht.

6. *Die sogenannte nasse Vergoldung* ist anwendbar auf Kupfer und seinen Legierungen sowie auf verkupfertem Stahl, Weißblech usw. Die Gegenstände werden in eine kochende Mischung von Goldchlorid mit Zusatz von doppeltkohlensaurem Natron getaucht, mit Wasser nachgespült und poliert.

7. *Die kalte Vergoldung* besteht darin, daß eine Lösung von Goldchlorid in Zyankalium mit Kreide vermischt und dieses Gemisch auf den betreffenden Gegenstand aufgetragen wird. – Nach einer anderen Methode wird Leinwand mit Goldchlorid getränkt und verbrannt; das Verbrennungsprodukt bezeichnet man als *Goldzunder*. Diesen trägt man auf das gut gereinigte Metall, das vergoldet werden soll, auf. Am besten gelingt das Aufreiben mit einem entsprechend großen angebrannten Kork, der in Salzsäure getaucht wird. Wenn alle Stellen mit Gold bedeckt sind, muß mit Blutstein poliert werden.

8. *Die Plattierung* ist ohne Zweifel aus der altertümlichen Technik des Überziehens von Gegenständen, gleich welcher Art und aus welchem Material, mit Goldblech entstanden. Sie hat also den gleichen Ausgangspunkt wie das Blattgold, das der Maler und Vergolder verwendet. Die Plattierung wird meist zum Vergolden von Silber und Kupfer angewendet, seltener für Eisen- und Stahlwaren. Um Kupfer, welches später erst verarbeitet werden soll, zu plattieren, reinigt man es vorerst peinlich sauber, bestreicht es hierauf mit Goldchloridlösung, läßt diese trocknen und belegt sodann das Kupfer mit feinem, ebenfalls vorher gründlich gesäubertem Goldblech; dieses nimmt man größer als das Kupfer und schlägt es nach dem Auflegen an den Enden um, damit es nicht verschoben werden kann. Das so belegte Kupfer kommt nun in einen Muffelofen, wo es bis zur Rotglut erhitzt wird. Durch besondere Vorrichtungen wird dann das Gold unter gleichzeitigem Reiben fest auf das Kupfer gepreßt, und zum Schluß passiert das plattierte Kupfer mehrmals ein besonderes Walzwerk. Durch diese Prozedur verbindet sich das Gold derart innig mit dem Kupfer, daß beide Metalle nur auf chemischem Wege wieder getrennt werden können.

Die *Silberplattierung* geschieht in der gleichen Weise. Eisen und Stahl können übrigens auch ähnlich mit dem gewöhnlichen Blattgold haltbar vergoldet werden. Man ätzt zu diesem Zweck das Eisen (oder den Stahl) matt mit verdünnter Salpetersäure, erhitzt es und legt die Goldblättchen auf. Das Gold haftet dann fest auf dem heißen Metall, da es ja unter günstigen Umständen in fremde Metalle direkt eindringt.

9. Die verschiedenen *Blattgoldverfahren*, die in der Arbeit des Vergolder- sowie des Malerhandwerks üblich sind und auf die nunmehr ausführlicher eingegangen werden soll.

Eigenarten und Materialien der Blattvergoldungen

Allen bisher besprochenen Vergoldungsarten ist gemeinsam, daß bei ihnen die Vergoldung durch chemische Einflüsse erreicht wird. Im Gegensatz hierzu stehen jene Techniken der Maler und Vergolder, die das Gold nicht unter Zuhilfenahme der Chemie übertragen, sondern sich bei allen Arbeiten des zu feinsten Blättchen geschlagenen reinen Metalls bedienen. So verschieden die einzelnen Zweige dieser Technik auch unter sich sind, die Verwendung des Blattgoldes ist das ihnen allen gemeinsame Charakteristikum. Im Prinzip ist auch die Art der Anwendung bei den einzelnen Blattvergoldungsarten wiederum gleich, denn bei allen wird das Blattgold auf einen möglichst glatten und mit einer als Klebstoff dienenden Grundierung versehenen Untergrund aufgelegt und später, wenn es genügend fest mit diesem Untergrunde verbunden, d. h. wenn das Bindemittel hart und trocken genug geworden ist, nach Maßgabe der je nach Bindemittel verschiedenen Elastizität des Grundes nachträglich geglättet und poliert, d. h. glänzend gemacht.

Das Prinzip der Blattvergoldung

Um das bei allen Vergoldungen angestrebte Ziel – einen metallisch glänzenden, poliertem Gold gleichsehenden Überzug – zu erreichen, ist unbedingte Voraussetzung, daß der *Untergrund* so fein und glatt wie möglich hergestellt wird. Ferner soll vom Bindemittel nur so viel als nötig aufgetragen werden, um eine Haftung des Goldes zu erreichen. Auf einer rauhen und ungleichmäßigen Grundfläche ist mit Blattgold keine glatte und glänzende Oberfläche zu erzielen. Bei der geringen Dicke der geschlagenen Metallblätter ist es ja auch ohne weitere Experimente begreiflich, daß selbst die geringste Unebenheit des Grundes, jedes Körnchen, ja, jedes Stäubchen sich in der fertigen Vergoldung wiederfindet und den reinen Glanz beeinträchtigt. Auf einer rauhen Fläche kann keine glänzende Vergoldung hergestellt werden. Man benutzt diesen Umstand in der Praxis vielfach, um im Gegensatz zur glänzenden auch eine matte Vergoldung herzustellen. Natürlich muß die matte Fläche gleichmäßig rauh sein, sonst ist der Effekt sehr zweifelhafter Natur. Es wird hiervon später noch ausführlicher gesprochen werden. – Für den Ausfall der Vergoldung ist es dementsprechend sehr wichtig, die Vorarbeiten, das Schleifen usw., ganz genau auszuführen, da jede Nachlässigkeit erst nach dem Vergolden offen zutage tritt, dann aber nicht mehr gutgemacht werden kann.

Einfluß des Grundes auf die Vergoldung

Außer der genauen und exakten Ausführung aller Vorarbeiten ist ferner noch die Beschaffenheit des zu vergoldenden Gegenstandes von größtem Einfluß auf die Erscheinung des Goldes. Auch die Art der *Grundierung* bedingt wesentliche Unterschiede im Glanze der Vergoldung. Einige Beispiele mögen das klarmachen: Auf einer mit Leimfarbe oder sonst in matter Farbe gestrichenen Fläche, auch auf Stoffen aller Art wird eine Bronzelinie bei richtiger Beleuchtung schön glänzend erscheinen; selbst auf poliertem und lackiertem Holz, an Möbeln z. B., kann man beobachten, daß Bronze ganz vortrefflich und mit schönem metallischem Glanz zur Geltung kommt. Setzen wir aber neben diese an sich ganz effektvolle Bronze eine Linie in Blattgold, ob auf Öl-, Ei- oder Mordent-Anlage, so wird die Bronze neben dem schöner glänzenden Blattgold sofort zum Mattgold herabsinken. Bringen wir aber dieses hier so schön glänzende Blattgold, z. B. an einem Rahmen oder an Stuck u. dgl., neben poliertes Polimentgold, so übernimmt sofort die Öl-Blattvergoldung die Rolle des matten Goldes. Ebenso ist bei transparenter Vergoldung (hinter Glas) die Erscheinung des Goldes durch dünne, ebenfalls transparente Schichten zu beeinflussen. Hier genügt eine dünne, unmeßbare Schicht eines öligen Bindemittels, Mixtion oder Wachslösung, um das Gold an den betreffenden Stellen völlig matt, fast wie Bronze, erscheinen zu lassen. Selbst wenn die dünne Mixtionschicht noch abgewischt wird, reichen die minimalen Dichtigkeitsunterschiede weiter aus, um dem Gold den Charakter der Schraffierung zu verleihen.

All das beweist, wie wichtig die Bearbeitung des Untergrundes ist; nur wenn diese ganz tadelfrei vorbereitet wurde, kommt es zu einem fehlerfreien Resultat.

Bevor nun auf die einzelnen Techniken eingegangen wird, soll die Herstellung des Blattmetalls kurz geschildert werden.

Herstellung des Blattgoldes

Das Blattgold bildet die Voraussetzung und Grundlage aller durch die Vergolder und Maler herstellbaren Vergoldungen. Für jeden Handwerker ist es daher von Wert, zu wissen, welche Wandlungen das von ihm zu verarbeitende Material durchlief, ehe es gebrauchsfähig in seine Hände kam.

Die Goldschlägerkunst hat sich aus der Goldschmiedekunst entwickelt. Wer das erste Blattgold in unserem Sinne verfertigt hat, darüber gibt es nur Vermutungen, sicher aber ist, daß schon um 2000 v. Chr. die Chinesen Blattgold kannten und verarbeiteten. Ebenso benutzten bereits 1600 v. Chr. die Ägypter das Blattgold zu Vergoldungen in ihren Tempeln. Bei den Griechen fand Blattgold Anwendung zur Verzierung von plastischen Werken, und die Römer bedienten sich seiner, wie Plinius zu berichten weiß, um Tempeldecken und Paläste zu vergolden. Mit dem Vordringen der Römer kam dann das Blattgold nach Frankreich und Deutschland, wo es namentlich zu Arbeiten in Kirchen und Kapellen, zum Schmuck von Heiligenbildern, Statuen usw. benutzt wurde, und zuletzt im Zeitalter der Renaissance und noch mehr zur Rokokozeit ganz allgemein Verwendung fand.

Zur höchsten Vollendung im rein technischen Sinne kam die Goldschlägerkunst erst im 19. Jahrhundert, denn das zuvor gefertigte Gold war noch dicker als unser heutiges. Freilich wurde damit der Vergoldung kein großer Dienst erwiesen, denn das frühere massive Goldblech war viel haltbarer als unser Blattgold, das gegen das Licht oder mit einem Vergrößerungsglas betrachtet, oft mehr einem Sieb oder einem groben Gewebe als einem einheitlichen Metallblatt ähnlich sieht. Die im Altertum geübte recht primitive Art des Goldschlagens ist bis heute im Prinzip die gleiche geblieben. Wie damals auch, wird in unserer Zeit das Gold noch meist mit der Hand geschlagen, selbst nachdem die Maschine zum Auswalzen und zum Zerschneiden Eingang in die Goldschlägerei gefunden hat. Neuerdings ersetzen halbautomatische Maschinen auch das Handschlagen (vgl. Abb. 66).

Die Bestandteile

Die Farben des Goldes sind: Rot, Orange, Zitron, Grün, Hellgrün und Weißgold.

Blattgold »Orange« besteht in der Hauptsache aus Feingold $^{75}/_{1000}$; die restliche Menge $^{925}/_{1000}$ sind Silber und Kupfer. Werden hellere Farben gewünscht, so wird der Legierung mehr Silber zugesetzt. Ein erhöhter Kupferzusatz färbt das Gold dunkler und auch rötlicher. – Damit die Farbe und die Eigenschaften der einzelnen Goldsorten nicht beeinflußt werden, muß die Legierung ständig genau ausgewogen und kontrolliert werden.

Fertigung

Zunächst muß das Gold geschmolzen werden. In einem Graphittiegel wird die Legierung in einem besonderen Schmelzofen zum Schmelzen gebracht. Bei etwa 1100° Hitze ist das Gold nach 15 Minuten flüssig. Es wird in diesem Zustand in Zainen gegossen, die warm geschmiedet werden. Die geschmiedete Zaine, Plansche genannt, wird dann auf Stahlwalzen zu langen Bändern ausgewalzt. Um das Gold geschmeidig zu erhalten, wird es von Zeit zu Zeit immer wieder geglüht. Das Auswalzen des Goldes wird so lange fortgesetzt, bis es auf eine Dünne von etwa $^{1}/_{33}$ mm gebracht ist. Mit einer kleinen Maschine wird das gewonnene Goldband in kleine quadratische Stücke, die Quartiere, geschnitten, die in sogenannte Quetschen eingelagert werden. Unter Quetschen versteht man ein Päckchen von 480 Blättern Pergamentpapier, die im Quadrat gemessen 12 cm groß sind. Dieses Pergamentpapier ist aus Lederabfällen hergestellt und besonders zäh, damit es die hohe Beanspruchung auch ertragen kann. – Die einzelnen Stücke Gold werden zwischen die Pergamentblätter gelegt. Der so erhaltene lose Pack kommt in ein Kreuzband von Pergament, das nun mit dem Federhammer etwa 10–12 Minuten geschlagen wird, bis die Quartiere die Größe der Quetsche erreichen. Die Blätter werden dann herausgenommen, geschichtet und mit einem Messer in vier Teile geschnitten oder, wie der Fachmann sagt, gerissen. Das Viertelblatt hat einen Quadratinhalt von etwa 35 cm². Die Blätter machen einen zweiten Schlagprozeß durch und werden für diesen Zweck in ein Lot eingefüllt. Das Lot besteht aus einem Pack von ungefähr 1300 Blättern Pergaminpapier von 16 cm im Quadrat. Dieser Pack wird erneut mit dem Federhammer geschlagen, bis nach etwa einer Stunde aus den kleinen, 35 cm² großen Blättchen Blätter von 16 cm im Quadrat = 250 cm² geworden sind. Sie haben damit die Größe des Lotes erreicht. Das so erhaltene Goldblatt ist nun schon recht dünn ausgeschlagen und hat eine Stärke von ungefähr $^1/_{33}$: 4 : 7,5 mm = $^1/_{999}$ mm. – Das eigentliche Dünnschlagen beginnt erst jetzt. Für diesen Zweck sind Goldschlägerformen bereitgehalten, die aus je einem Pack von 1300 Goldschlägerhäutchen bestehen. Um diese Goldschlägerhäutchen, die aus dem Blinddarm von Ochsen gewonnen werden, gebrauchsfertig herstellen zu können, haben sie viele und komplizierte Behandlungen durchzumachen. Auch ist die Herstellung der Formen nicht einfach und nicht leicht zu erlernen. Sie gehört mit zu den Arbeiten des Goldschlägers, die besondere Erfahrungen und Umsicht verlangen. – Zunächst wird jedes Häutchen beiderseitig mit Fasergips bestrichen, damit das Gold nicht fest anhaftet. Darauf wird die Form in heiße Pressen gepackt und nach einiger Zeit gewendet, um alle aufgenommene Feuchtigkeit aus den Häutchen herauszupressen. Um den Feuchtigkeitsgehalt weiter heraustreiben zu können, folgen weitere Behandlungsgänge, die alle die volle Fertigkeit des Goldschlägers in Anspruch nehmen. So muß dann die Form ständig neu hergerichtet werden, wenn einwandfreies Blattgold erzielt werden soll. – In die gepreßte Form wird das Gold abwechselnd mit einem Goldschlägerhäutchen eingelagert. Die Formen haben eine Größe von 13–15 cm im Quadrat. Sie werden von einem Kreuzband zusammengehalten und dann mit einem schweren Hammer geschlagen, der Goldschläger sagt dazu »angetrieben«. Das weitere Schlagen oder »Setzen« geschieht mit dem fünf Pfund schweren Setzhammer unter ständigem Wenden der Form. Nach einer bestimmten Zeit, die von der Zahl der Hammerstreiche abhängt, wird die Form aus dem Kreuzband herausgenommen und gerieben, um die durch das Schlagen entstehende Wärme zu verteilen. Das weitere Schlagen erfolgt mit einem 10 Pfund schweren und das »Fertigmachen« mit einem 20 Pfund schweren Hammer. Das Dünnschlagen geht bis zu einer Feinheit von $^1/_{8000}$ mm. (Formen, die bis zu einer Feinheit von $^1/_{11000}$ mm ausgeschlagen worden sind, sind für die Zwecke des Malers nicht mehr mit Erfolg verwendbar.) Das recht unregelmäßig in der Form geschlagene Gold hat jetzt eine Größe von 13–15 cm im Quadrat und muß nun auf die entsprechende Größe und quadratische Form geschnitten werden. Die Beschneiderin legt das Goldblatt auf ein Kissen und bläst es glatt. Darauf schneidet sie mit feststehenden, parallellaufenden Messern, die in einem bestimmten Abstand stehen, das Goldblatt auf die gewünschte Größe. Darauf kommen die Goldblättchen in kleine Büchelchen und werden zum Versand bereitgehalten.

Die Handelsware

Das Gold ist von 22 Karat fein bis zu 23$^3/_4$, 23$^4/_5$ und 24 Karat fein erhältlich, dazu noch Platora, eine Mischung von Gold und Platin. Dessen Ton ist sehr hell, aber besonders haltbar. Die Größen werden von 65 mm bis 90 mm gehandelt. Die hochkarätigen Goldsorten von 23, 23$^1/_2$, 23$^3/_4$ und 24 sind für die Außenvergoldungen geeignet. – Ein Büchelchen hat 25 Blatt Gold. Zwölf Büchelchen ergeben einen Pack oder ein Buch, das sind dann 300 Blatt Gold. – Für Vergoldungen im Freien wird Transfer- oder Sturmgold verwendet, wobei jedes Goldblatt auf ein dünnes Seidenblättchen aufgezogen ist.

Im Handel ist auch »Echtgold-Pulver«, meistens in 2 g-Döschen. Oftmals zu verwenden bei Restaurierarbeiten oder bei wertvollen Rahmen, um in die Tiefen zu gelangen. Man netzt die zu belegende Fläche (bei Kreidegrund) mit Alkohol-Netze an und gibt mit Marderhaarpinsel das Echtgoldpulver darauf. Dieses Gold ist sehr teuer, es entspricht dem tatsächlichen Goldpreis. Es wird auch in kleinen Näpfchen gebunden geliefert. Es kann mit Malmittel gelöst und aufgetragen werden.

Was bedeutet die Bezeichnung »Karätig«?

Im Mittelalter war die Gewichtseinheit für Gold und Silber die Kölnische Mark = $^1/_2$ Kölnisches Pfund = 233,8 g schwer.

Diese Gewichtseinheit teilte man bei Gold in 24 Teile ein und nannte jeden Teil *ein Karat*.

Ein Karat war also der 24. Teil von 233,8 g = etwa 9,7 g.

24 kar. Gold = 24 Karate Fg. + 0 Karate ZS
23 kar. Gold = 23 Karate Fg. + 1 Karate ZS
22 kar. Gold = 22 Karate Fg. + 2 Karate ZS
usw.

Man versteht also unter »Karat« die Feinheit einer Goldlegierung.

Gehandelt wird Gold (Blattgold für den Maler):

Fein-Orangegold	22	Karat 80 m/m oder 90 m/m
Fein-Orange-Doppelgold	22	Karat 80 m/m oder 90 m/m
Fein-Orange-Doppelgold »Extra«	$22\frac{1}{2}$	Karat 80 m/m oder 90 m/m
FF-Dukaten-Doppelgold	$23\frac{3}{4}$	Karat 78 m/m oder 90 m/m
Extrafeines Scheide-Doppelgold extrastark	$23\frac{3}{4}$	Karat 78 m/m oder 90 m/m
FF-Feingold 1000/1000	24	Karat 78 m/m oder 90 m/m

Bei Silber wurde die Gewichtseinheit, die Kölnische Mark, nur in 16 Teile eingeteilt. Jeden Teil nannte man ein Lot. Ein Lot war demnach 233,8 g : 16 = etwa 14,6 g schwer.

16lötiges Silber = 16 Lote FS + 0 Lot ZS (Feinsilber)
15lötiges Silber = 15 Lote FS + 1 Lot ZS
14lötiges Silber = 14 Lote FS + 2 Lot ZS usw.

In Anbetracht des Umstandes, daß über die geschichtliche Entwicklung der Vergoldungsarten soviel wie gar nichts veröffentlicht wurde, ist es wohl angebracht, diese hier entsprechend zu würdigen. Die Kenntnis des Werdeganges einer Technik ist ja nicht nur von theoretischem Interesse, sondern sie hat auch eine ganz eminent praktische Bedeutung.

Die Polimentvergoldung einst und heute

Die Poliment- oder Glanzvergoldung ist die älteste und zugleich die vielseitigste aller Vergoldungsarten. Glanzvergoldung wird sie genannt, weil sie die einzige ist, bei der sich das Gold nachträglich mit harten, glatten Instrumenten polieren läßt und dadurch der Erscheinung des massiven polierten Metalles am nächsten kommt. Den Namen Polimentvergoldung hat sie von der dabei als Grundlage für das Gold dienenden Mischung aus Ton, Seife usw., von der später ausführlicher die Rede sein wird. Die Bezeichnung Poliment rührt aber nicht von der Eigenschaft der Polierfähigkeit her, sondern vielmehr von dem Material Bolus, das ist nämlich der Ton, der in verschiedenen Sprachen anders genannt wurde, z. B. in einem griechischen Lehrbuch der Malerei (das später noch zitiert werden wird) Ampoli heißt. Es ist hier die Mischung nach dem Namen des wirksamsten Teiles benannt, denn der Boluston ist eigentlich das Medium, das die Goldauflage festhält und zugleich dem Grunde die Geschmeidigkeit gibt, die nötig ist, um polierbar zu sein.

Zur Geschichte der Polimentvergoldung

Von der Polimentvergoldung nahmen zahlreiche weitere Vergoldungstechniken ihren Ausgang. Daher ist es auch angebracht, ihre Entwicklung etwas ausführlicher zu behandeln.

Wer der Erfinder war, ist nicht bekannt, ebensowenig, wann und wo sie zuerst angewandt wurde; auch von dem eigentlichen Entwicklungsgang ist uns nichts überliefert. Die ganze Technik tritt uns als ein völlig ausgebildetes Verfahren entgegen. Das ist ein Beweis dafür, daß sie uralt ist, denn eine so komplizierte Methode wie die Polimentvergoldung entwickelt sich nicht von heute auf morgen und wird auch nicht von einem Menschen allein erfunden und ausgebildet, sondern dazu sind viele Generationen erforderlich. Einige Hinweise mögen im folgenden den Entwicklungsgang vergegenwärtigen.

Altägyptische Vergoldungen

In alten ägyptischen Gräbern sind an Särgen, Mumien usw. Vergoldungen zu finden, die heute noch gut erhalten sind und im Aussehen und der Technik nach ganz unserem Verfahren entsprechen. Im Museum von Florenz wird z. B. ein Sarg mit reliefierten Verzierungen aufbewahrt, der aus der Zeit um 800 v. Chr. stammt; die Verzierungen sind in Glanzgold ausgeführt, jedoch ohne besondere Glättung, also nicht poliert. Außerdem findet sich Vergoldung in Verbindung mit stuckartig aufgetragenem plastischem Schmuck an vielen anderen Särgen und namentlich auch an Mumienumhüllungen. Diese Umhüllungen sind kaschiert, d. h., sie bestehen aus aufeinandergelegten Leinwandstücken, auf deren oberster Lage die erhabenen, reliefartig vortretenden Verzierungen aufgelegt sind. An vielen sind größere Partien, wie z. B. der Schmuck an der Brust, und nicht selten die ganzen Gesichter vergoldet. – Diese älteste Technik wurde in Ägypten stets beibehalten und auch später, als sich in Kunst und Handwerk griechische Einflüsse geltend machen konnten, nicht geändert. Wohl wandelte sich die Art des Bemalens und des Auftragens des plastischen Schmuckes, die Vergoldung aber blieb dieselbe. Das Britische Museum in London bewahrt mehrere noch in der Umhüllung befindliche Mumien auf, die etwa aus der Zeit um 200 n. Chr. stammen; an einer ist die Kaschierung und ebenso die Bemalung in ganz realistischer Weise ausgeführt, Kopf und Hals sowie der an Armen und Hals angebrachte Schmuck sind ganz vergoldet. An einer anderen, in strengerem Stile gehaltenen Mumie sind die erhabenen Relief-Stuckornamente der Kaschierung, die die bekannten konventionellen Figuren der Ägypter zeigen, vergoldet, der Grund ist zinnoberrot gestrichen.

Griechisch-römische Vergoldung

Über die Vergoldungsarten der Griechen ist uns

nichts bekannt. Wohl wissen wir aus überlieferten Werken griechischer Schriftsteller, daß Vergoldungen allgemein üblich waren, z. B. bei der Ausschmückung von privaten und öffentlichen Räumen, in der Ornamentation, an Statuen usw., doch schweigen sie sich über die Art des Verfahrens aus, und Überreste sind leider nicht erhalten geblieben. – Ohne Zweifel aber war die griechische Vergoldertechnik völlig mit der ägyptischen identisch; stand doch die ägyptische Kunst in den letzten Jahrhunderten vor ihrem gänzlichen Untergang, besonders nach Christi Geburt, ganz unter griechischem Einfluß, der auch in der Vergoldung etwaige Abweichungen zum Ausdruck gebracht haben würde. Ein weiterer Beweis für die Gleichartigkeit der ägyptischen und griechischen Vergoldungstechnik liegt darin, daß die Römer, die ihre Techniken dieser Art fast alle von den Griechen entlehnten, die Vergoldung in gleicher Weise wie die Ägypter ausführten, das Blattgold also mit Hilfe von Eiklar oder Leim auf den entsprechend vorbereiteten Grund auflegten. Plinius, dem wir die einzige überkommene Schrift über die Malerei und die Vergoldungen der Römer aus früherer Zeit verdanken, schreibt hierüber: »Auf Marmor und jenen Gegenständen, die nicht geglüht werden können, befestigt man das Gold mit dem Weißen des Eies, auf Holz mit einer leimartigen Mischung, die man Leukophoron nennt.« Dieses Leukophoron bereitete man nach demselben Gewährsmann, indem man $^1/_2$ Pfund pontische Sinopis mit 10 Pfund hellem Ocker und 2 Pfund melischem Weiß innig miteinander verrieb. Nach der Vorschrift des Plinius sollten die drei Substanzen zwölf Tage lang gerieben werden, damit sie möglichst fein werden. (Die pontische Sinopis war ein roter Farbstoff, von dem wohl nicht mit Unrecht angenommen wird, daß er mit dem als armenischer Bolus bezeichneten Material identisch ist; es kann dies um so mehr angenommen werden, als *pontisch* und *armenisch* ziemlich dieselben Gegenden, Nord-Kleinasien und das Kaukasusgebiet, bezeichnen. Es wären dies demnach, da auch heute noch der Ocker und manche weiße Erden zur Polimentbereitung dienen, dieselben Materialien, die jetzt, nach fast zweitausend Jahren, noch zu demselben Zwecke gebraucht werden.)

Soweit sich aus diesen spärlichen Angaben im Verein mit den auf uns überkommenen Arbeiten Schlüsse ziehen lassen, war die Vergoldungstechnik der vorchristlichen Kulturvölker hochbedeutend, und daß es unseren antiken Kollegen auch nicht an persönlicher Geschicklichkeit mangelte, dafür zeugen die erhaltenen Arbeiten, die heute noch ihren Glanz bewahren trotz aller Unbilden, denen sie in der langen Zeit ihres Bestehens ausgesetzt waren. Das als bewährt erprobte Verfahren erfuhr jahrhundertelang keine Veränderungen, auch später nur einige Verbesserungen. Eine Einschränkung in der Verwendung der Glanzvergoldung erfolgte erst durch die in den frühen Jahrhunderten n. Chr. aufgekommene Ölvergoldung.

Vergoldung im byzantinischen Zeitalter und im Mittelalter

Für die Glanzvergoldungsmethode der spätrömischen Kaiserzeit, der byzantinischen Kunstperiode und des anschließenden und gleichzeitigen Mittelalters stehen uns reichlich Quellen zur Verfügung, besonders solche wie die alles mögliche enthaltenden Rezeptsammlungen der klösterlichen Künstler. Dies erklärt sich daraus, daß in den Stürmen der Völkerwanderung und im Mittelalter die Klöster vielfach die einzigen Stellen waren, an denen Kunst und gewerbliche Kunstübungen noch eine Heimstätte fanden.

In einem aus dem 9. Jahrhundert n. Chr. stammenden Manuskript dieser Art, nach dem Ort seiner Auffindung und Aufbewahrung *Luccamanuskript* (Lucca in Italien) genannt und nach allgemeiner Annahme von Griechen verfaßt, finden sich Vorschriften zur Anfertigung der Blattmetalle aus Gold und Silber sowie Anleitungen zum Vergolden selbst. Die betreffenden Abschnitte sind interessant genug, um hier im Wortlaut angeführt zu werden (nach Berger, Beiträge zur Entwicklungsgeschichte der Malerei III): »Zu welcher Arbeit immer du Goldblätter verwenden willst, nimm das Bindemittel von Hühnerei. Auch für die Vergoldung des Glases dient dasselbe. Vergoldungen auf Holz mache auf einer Lage von Gips und Leim; der Leim dazu wird aus rohen Häuten durch Sieden bereitet. Felle werden vorerst aufgespannt, mit gleichem Gips überstrichen, mit dem Messer geschabt und hierauf wie das Holz vergoldet.« – Eingehender werden noch einzelne Arten des Vergoldens in weiteren Rezepten beschrieben, nämlich: »Wenn du auf Holz vergolden willst, weiche Mandelbaumgummi einen Tag in Wasser, rühre ihn gut mit dem Wasser zusammen, füge Safran bei, soviel genügt, bestreiche mit diesem erwärmten Gummiwasser alles, was auf Holz zu vergolden ist . . . Für Tücher oder auf

Wänden schlage Eierklar aufs feinste, füge genügend Crocus (Safran) hinzu und arbeite damit. Die Mischung bewahre in einem glasierten Gefäß auf. Desgleichen: Leinöl 1 Drachme, gelöster Gummi desgleichen, Safran soviel als nötig ist. Mische alles mit Wasser zusammen und lasse es kochen.« Diese drei Arten sind anzuwenden, wenn mit Blattgold zu vergolden ist. – In den Angaben dieses Manuskripts haben wir einen unwiderlegbaren Beweis dafür, daß dem Verfasser sowohl die polierbare Glanzvergoldung als auch die neuere Ölvergoldung u. a. m. ganz bekannte Dinge waren, die auch sicherlich vielfach Anwendung fanden. Verhältnismäßig wenig erfahren wir hingegen über die Art der Zurichtung des Grundes für das Glanzgold, obwohl doch die sorgfältige Herrichtung desselben gerade für das Gelingen der Glanzvergoldung von ganz entscheidender Bedeutung ist. Wohl ist in anderen Manuskripten mehrfach von dem Gipsgrund und der nötigen Sorgfalt bei seiner Bereitung die Rede, doch fehlen detaillierte Angaben hierüber.

In dem als III. Buch des *Heraclius* bekannten Manuskript findet sich neben mehreren anderen Angaben, namentlich über Vergoldung auf Pergament (Miniaturmalerei, die an anderer Stelle erwähnt wird), folgende Anleitung zum Bemalen von Leinwand und zur Anbringung von Gold darauf. »Nimm Pergament oder Abschnitzel davon, gib sie in einen Topf mit Wasser, stelle ihn ans Feuer, lasse es sieden, wie oben beschrieben steht, tauche die Leinwand hinein, ziehe sie sogleich heraus, breite sie auf der Tafel voll von dem Wasser aus, lasse sie trocknen und glätte sie dann mit einem Stück Glas und poliere sie durchweg. Sodann spanne sie auf, befestige sie mit Fäden an dem Holze (Holzrahmen), worauf du sie mit Farben, die mit Leim oder Ei oder Gummi bereitet werden, bemalen kannst.« Die Leinwand wird hier also lediglich geleimt. Im allgemeinen aber wurde in jener Zeit mehr auf Holz und auf Wandflächen (Verputz) gemalt als auf Leinwand, und es ist wohl nicht fehlgegriffen, wenn man annimmt, daß die Zubereitung des Grundes, ob nun Holz oder Mauerwerk, für Zwecke der Vergoldung in der gleichen Weise gehandhabt wurde wie die Zubereitung für Malzwecke. Es ist dies um so mehr anzunehmen, als ja die damaligen Maler auf ihren Bildern fast nur einen vergoldeten Hintergrund anbrachten.

In welcher Weise nun die Maler jener Zeiten ihre Gründe präparierten, darüber erhalten wir Auskunft in den Schriften eines deutschen Mönches, des *Theophilus von Helmershausen,* der zu Ende des 11. und im Anfang des 12. Jahrhunderts lebte. Dieser schreibt in seinem Werke Schedula diversarum artium, im Cap. XIX, über dieses Thema unter dem Titel: *Vom weißen Gipsgrund auf Leder und Holz,* nachdem er im vorhergehenden Kapitel die Bereitung von Leim (aus Leder und Hirschgeweihen) beschrieben hat, wie folgt:

»Nach diesem nimm wie Kalk gebrannten Gips oder Kreide, mit der die Häute weiß gefärbt werden, und vermahle sie sorgsam mit Wasser auf dem Steine; dann gib es in einen Scherben, gieße Leim von jenem Leder darauf und stelle es auf Kohlen, daß der Leim flüssig werde, und streiche es so sehr dünn auf das Leder. Dann, wenn das trocken ist, nimm das Kraut Schachtelhalm, welches den Binsen ähnlich wächst und Knoten hat; nachdem du es im Sommer gesammelt hast, dörre es an der Sonne und reibe mit diesem den weißen Grund, bis er gänzlich glatt und hell ist. Wenn dir aber Leder zum Überziehen der Tafeln mangeln sollte, so können sie auch in derselben Weise und mit demselben Leime mittels ziemlich neuem Linnenstoff oder Canavas bedeckt werden.«

Das Holz, die Tafel, auf die gemalt oder vergoldet wird, soll also vorerst mit Leder oder, in Ermangelung dessen, mit Stoff überzogen werden, vermutlich um die Gemälde vor den im Holz etwa entstehenden Rissen zu schützen. Abgesehen hiervon ist die Präparierung des Grundes ihren Prinzipien nach ganz identisch mit der Technik, die noch heute beim Glanzvergolden üblich ist.

Über das *Auflegen des Blattmetalles* selbst schreibt der Klosterkünstler im 24. Kapitel: »Zum Aufsetzen des Goldes (oder Silbers) nimm Eiklare, die aus Eiweiß ohne Wasser geschlagen wird, und bestreiche dann die Stelle, auf der das Gold (oder Silber) aufgelegt werden soll, leicht mit dem Pinsel und berühre mit der im Munde naßgemachten Pinselspitze ein Eckchen des zerschnittenen Stückes (Gold oder Silber), lege es mit größter Schnelligkeit aufhebend auf die bestrichene Stelle, und ebne es mit dem Pinsel. Ist es aufgesetzt und getrocknet, so kannst du, wenn du willst, ein anderes auf dieselbe Weise daraufsetzen und ein drittes desgleichen, wenn nötig, um es mit dem Zahne oder einem Steine desto heller glätten zu können.«

Weit ausführlicher noch ist die Anleitung zur Vergoldung, die der Verfasser des sogenannten *Malerbuches vom Berge Athos,* auch *Hermeneia des Dionysos* genannt, gibt. Er war ein griechischer Mönch und Maler, der etwa im 13. Jahrhundert lebte und wirkte und dessen Vorschriften noch heute von den Malermönchen auf dem mit Klöstern besäten Athosgebirge streng beobachtet werden. In der Hauptsache behandelt das Werk die Malerei selbst (Freskomalerei), und im Anschluß daran auch die Bereitung des Gips-Leim-Grundes und der Vergoldung. Die betreffenden Abschnitte lauten (nach Berger):

»*Wie man für Bilder den Gipsgrund macht:* Wenn du auf Bilder Gipsgrund legen willst, und dieselben groß oder deren viele sind, so laß Häute kochen, um neuen Leim zu bereiten, da der alte Leim sauer wird, wenn man viel Zeit braucht, um den Gipsgrund der Bilder zu legen. Hast du aber Eile und sind der Bilder wenige, so mache es so: Brich trocknen Leim in kleine Stücke; tue dieselben abends in einen Topf oder in ein anderes Gefäß mit Wasser, damit er bis zum Morgen aufweiche; und das Gefäß mußt du an einem kühlen Ort haben, damit er nicht verderbe. Stelle ihn dann auf, daß er koche, und rühre mit einem Stück Holz, bis er zergangen ist. Nimm davon einigen Leim, soviel hinreicht, den Bildern gemäß, die du hast, und gieße ein bißchen Wasser hinzu, damit er dünner werde. Ziehe eine Lage (Leim) dünn über dieselben, indem du achtgibst, daß der Leim nicht schillert und daß du nicht zuläßt, daß sich Blasen bilden, sondern das Brett muß ihn aufsaugen. Scheint die Sonne, so setze ihren Strahlen diese erste Deckung aus, damit die Feuchtigkeit einziehe; später darfst du das Brett der Sonne nicht mehr aussetzen, weil der Gips sich sonst höbe. Wenn also die Gemälde trocken sind, mische Gips mit Leim in hinreichender Menge, um fünf, sechs Deckungen zu machen. Versuche zuerst auf einem kleinen Brett, und wenn der Gips zu hart ist, so gieße warmes Wasser hinzu, damit er erweiche; ist der Gips aber zu weich, so tue noch Leim hinzu, bis es zum Verhältnis kommt, wie es dir paßt. – Lege dann so zwei oder drei Deckungen auf die Bilder an; bei der vierten setzest du Peseri (es kann nur gekochtes Leinöl darunter verstanden sein) und eine Quantität Seife hinzu, und so gib die andern zwei oder drei Deckungen, und die Sache ist fertig. Gib acht, daß du nicht zu sehr eilst und daß du nicht den Gips dick auflegst, um schneller zu machen; denn wenn du ihn nachher schleifen willst, so löst sich die erste Lage von der zweiten ab, und das Gemälde wird ungleich. Trage deswegen deinen Gips dünn auf, und es werden mehr Deckungen, damit du eine gute Gipsoberfläche erhaltest. Ist es gute Witterung und du fürchtest, daß der Gips Risse werfen möge, so mache den Leim stark; siebe ihn und stelle ihn an einen kühlen Ort, daß er dort bleibe; wenn du nun gipsen willst, so mische ein wenig Leim, soviel du meinst, daß notwendig sei, um eine Deckung zu geben, und gipse danach; willst du eine zweite Deckung auftragen, so mische wieder andern Leim und gipse zum zweiten Male; zu der andern Deckung wieder andern und so fort, bis du zu Ende bist. So wirft er keine Risse. Denn wenn der Leim zu lange mit dem Gips zusammen ist, verdirbt er. Dann schleifst, malst und vergoldest du es.« Von nicht geringem Interesse ist die *Bereitung des Polimentes* (Ampoli) für Branntwein-(Glanz-)Vergoldung, die sich von der jetzt üblichen etwas unterscheidet, hauptsächlich durch den Zusatz von Quecksilber (Merkur). Wem die Technik der Glanzvergoldung geläufig ist, der kann aus den nachfolgenden Anweisungen sofort die bekannten Züge herausfinden, so daß weitere Erläuterungen nicht nötig sind. Über die Bereitung des roten Ampoli: »Nimm Bol (Bolus), von dem guten, welcher nicht sehr rot ist, sondern inwendig weiße Adern hat. Probiere ihn so: Sind die Adern desselben weich und nicht wie Stein oder Erde, dann ist er gut, sonst ist er schlecht. Nimm davon achtzehn Drachmen, zwei Drachmen konstantinopolitanischen Ocker, eine halbe Drachme Lampezi, nämlich rotes Blei (Mennige), und eine halbe Drachme Unschlitt. Verbrenne dann ein Blatt Papier und tue es mit einer halben Drachme Merkur (Quecksilber) hinzu. Lerne, wie du den Merkur zerteilen mußt; tue ihn nach und nach in eine Hand mit etwas Speichel, zerdrücke ihn dann mit den Fingern der andern Hand, und er wird sich zerteilen. Bringe dann alles dies auf eine Marmorplatte und reibe es sehr stark. Trage dann so den Ampoli auf das, was du vergolden willst, mit zwei oder drei dünnen Anstrichen auf und vergolde mit Raki (Branntwein oder Weingeist), und du wirst dich wundern. – *Anderes Ampoli.* Nimm von dem besagten Bol und Ocker, beides gleich; reibe es gehörig, mache den Ampoligrund und vergolde wie oben. – Noch eine andere Art: Nimm Kilermeni (armenischen Bolus), nämlich von demselben Bol acht Drachmen, eine Drachme Merkur, eine Drachme Unschlitt, eine oder zwei Drachmen rotes Blei, eine Drachme Zinnober, eine Drachme Galle, fünf Drachmen konstantinopolitanischen Ocker und ein wenig Eiweiß, reibe das gut, und nachdem du versucht hast, vergolde.«

Über das *Vergolden* selbst heißt es: »Wenn du ein Bild gezeichnet hast, reinige das Gemälde dann gut, damit die Kohle dann weggehe, und wenn irgendwo Flecken sind, so kratze, um es rein zu machen. Gib dann dem Bilde zwei oder drei leichte Striche von Ampoli. Laß den ersten trocknen, ehe du den zweiten aufträgst. Hast du es von dem Ampoli gut trocknen lassen, so lege das Bild horizontal vor dich. Nimm Goldblätter und lege sie auf dasselbe an, indem du jedes Blatt an seinen Enden mit einem Polierbein festdrückst, damit es halte und der Wind oder der Raki, wenn du ihn übergießen willst, es nicht mitnehme. Tue dann Raki in eine gläserne Kanne und gieße diese Feuchtigkeit auf die Ecken des Bildes. Hebe dann das Bild von der einen Hauptseite auf, so daß das Ganze gut getränkt werde. Sorge, daß es schnell befeuchtet werde, damit der Gips nicht erweiche. Hebe dann das Bild wieder gerade auf, flicke aus, laß es trocknen und poliere es.«

Dem jetzt üblichen Verfahren bei der Branntweinvergoldung näher kommt die bei vertikalen Gegenständen, z. B. schon angeschlagenen Chorschlüssen, angewendete Weise, die in dem genannten Buch sehr ausführlich geschildert wird. Danach wird der Gipsgrund mittels eines Baumwollstopfens oder Schwammes mit Branntwein (Raki) befeuchtet, das mitsamt dem Papier aufgehobene Goldblatt angelegt und mit in Raki getauchtem Tränkpinsel an den vier Ecken angedrückt, damit »das Gold sich nicht zusammenrolle«. Das Gold muß dieser Bemerkung nach damals wesentlich dicker gewesen sein als jetzt.

Als chronologisch nächstliegende Quelle gilt das unter dem Namen *Straßburger Manuskript* bekannte Kompendium, dessen Original im Jahre 1870 bei der Belagerung von Straßburg mit anderen Schätzen zugrunde ging. (Eine Abschrift davon befindet sich im Britischen Museum in London. Eine zweisprachige Ausgabe Deutsch/Englisch erschien 1966 im Verlag Georg D. W. Callwey, München). Dieses enthält über die Vergoldungstechnik eine Reihe von Vorschriften, von denen die ausführlichste in freier Übertragung etwa lautet: »Willst du einen guten Grund für Glanzgold und -silber machen, so nimm Kreide, wie sie die Kürschner haben (Bolus); nimm ferner Hechtschuppen und Knochen vom Hechtkopf und siede sie (mit Wasser) in einem glasierten Topf so lange, bis es auf ein Drittel eingekocht ist. Seihe diese Brühe durch ein leinenes Tuch, reibe die Kreide damit und tue sie in eine Muschel und lasse sie hart werden. Willst du nun Goldgrund machen, so nimm von dieser Kreide soviel wie eine Haselnuß groß, reibe es auf dem Stein mit Wasser, das von Eiklar gemacht ist (also verdünntes Eiweiß), reibe darunter Zinnober und Ammoniaksalz, je wie eine Erbse groß, und drei Blumen Safran. Hast du alles gut gerieben, so tue es in eine Muschel und verdünne es nach Bedarf. Dies gehört zum Vergolden; in gleicher Weise kann man Silber auflegen, nur soll dann der Safran nicht hineinkommen.« – In anderen Rezepten der gleichen Sammlung ist statt des hier erwähnten Fischleims vom Hecht Hausenblase und auch Gummiarabikum sowie Honig als Zusatz zur Kreide des Grundes genannt.

Das berühmteste und ausführlichste Werk über Malerei aus der Zeit der Renaissance ist der *Trattato della Pittura* von *Cennino Cennini,* einem italienischen Maler-Schriftsteller. Dieses Werk enthält neben eingehenden Mitteilungen über die Malerei selbst auch instruktive Angaben über die zu jener Zeit üblichen Vergoldungsarten und Techniken. Sowohl die Vergoldung als auch die Bereitung des Grundes ist in genauester Weise beschrieben. Welche Wichtigkeit damals der Vergoldung beigemessen wurde, geht am besten daraus hervor, daß zur Erlernung der Vergoldung und der damit zusammenhängenden Vorbereitungsarbeiten eine Zeit von nicht weniger als sechs Jahren erforderlich war. Die praktische Verwertung der in diesen ersten sechs Lehrjahren erworbenen Kenntnisse und Fähigkeiten war in den nächsten sechs Jahren zu bestätigen, und zu diesen zwölf Jahren kam dann noch ein weiteres Jahr, in dem der Lehrling sich im Zeichnen üben mußte. Alles in allem also eine dreizehnjährige Lehrzeit.

Das von Cennini genau beschriebene Vergoldungsverfahren ist, in Kürze gesagt, folgendes: Die Holztafel wird zuerst mit Leinwand überzogen, nach dem Trocknen werden die emporstehenden Leinwandfasern abgeschabt, dann kommt eine Lage von grobem geleimten Gips und hierauf mehrere Lagen, bis zu acht Schichten, mit feinem gebrannten und geleimten Gips. Hierauf wird der Gipsüberzug »geschabt«, geglättet also, mit sogenannten Raffietten, das sind Werkzeuge, die unseren Repariereisen entsprechen und ihnen auch der Form nach ähnlich waren. Dann wird die vorbereitete Zeichnung aufgepaust und deren Konturen vertieft, um sie auch während der Vergoldungsarbeiten stets deutlich sichtbar zu erhalten. – Die für Vergoldung bestimmten Partien der Tafel erhielten mehrere Aufträge von Bolusmasse, die mit Ei gemischt war (unser heutiges Poliment!), und zuletzt wurde sodann vergoldet auf einer Anlage von verdünntem Eiweiß oder von Branntwein mit Wasser – ganz also die heute noch übliche Arbeitsweise.

Cennini kennt auch schon den Gebrauch des Goldkissens, des Messers und des Anschießers beim Vergolden. Sein Gold aber übertraf an Stärke das unsrige; aus einem Golddukaten wurden für Glanzvergoldung 100, für Ölgold 145 Blatt geschlagen, heute schlagen unsere Fabriken aus dem gleichen Quantum 1000 bis 1200 Blatt, je nach Größe der Blätter.

Es erscheint auf den ersten Blick auffallend, daß dieser Cennini, der doch speziell für künstlerische Malerei schrieb, die Vergoldungstechnik so genau kannte. Das wird aber sofort erklärlich, wenn man sich daran erinnert, daß zu jener Zeit noch fast alle Gemälde figuraler Art waren und die Figuren in hergebrachter Weise einen Hintergrund aus Gold haben mußten, daß ferner die Rahmen der Staffeleibilder reich vergoldet wurden und daß endlich auch früher auf den Gemälden selbst vieles in metallischem Gold und Silber gemacht wurde. Heiligenbilder, auf denen die Heiligen reichverzierte Goldbrokatgewänder tragen, sind an den Darstellungen aus dieser Epoche häufig zu finden. Alle diese Vergoldungsarbeiten aber mußte der das Gemälde liefernde Maler selbst ausführen oder doch in seinem Atelier von seinen Gehilfen oder Schülern ausführen lassen.

Merkwürdig genug ist es und bezeichnend für die patriarchalische Art des damaligen Geschäftsbetriebs, daß der Auftraggeber dem Maler das Gold für seine Arbeit zu liefern hatte (übrigens auch das damals sehr teure Ultramarin!), oder daß doch die Anschaffungskosten des Goldes besonders berechnet wurden.

Um diese Zeit, gegen Ende des 15. Jahrhunderts, bereitete sich die Trennung der Vergolderei von der Malerei vor. Es geschah das naturgemäß ganz allmählich, und namentlich die weniger beschäftigten sowie auch besonders die für kirchliche Zwecke arbeitenden Maler werden noch lange neben ihrer Malerei auch die Vergoldung ausgeführt haben. Von Albrecht Dürer aber wissen wir, daß er, der doch anfänglich auch mit vergoldete, später schon die Vergoldung an seinen Werken bei anderen machen ließ. In einem Briefe sagt er nämlich: ». . . habe sie (die Tafel) zu einem Zubereiter getan, der hat sie geweißt, gefärbt und wird sie die andere Woche vergülden.«

Von deutschen Schriften aus dieser Zeit ist vor allem das sogenannte *Tegernseer Manuskript* zu nennen, Liber illuministarius betitelt, das sich in der Staatsbibliothek in München befindet. Dieses enthält eine große Anzahl technischer Vorschriften der verschiedensten Art, so auch über Vergoldungen. Von der Glanzpolimentvergoldung heißt es darin:

»Auf Holz wird folgendermaßen vergoldet: Nimm die Tafel oder das Bild oder was du sonst auf Holz vergolden willst und sieh nach, ob es Äste oder Harzgallen hat. Diese kratze heraus und leime anderes Holz hinein. Kleine Grübchen oder Spalten fülle folgendermaßen aus: Nimm Lohe und mische etwas Mehl darunter und rühre das Ganze mit einem sauberen Holzleim an. Gib dann noch ein wenig Farbenleim dazu und fülle die Grübchen und Spalten damit aus. Lasse alles gut trocknen. – Den Farbleim bereite so: Nimm Pergamentschnitzel und lege sie in einen Topf, bis er halbvoll ist. Fülle ihn mit Wasser auf und laß ihn eine Zeitlang sieden, bis alles aufgeweicht ist. Danach seihe den Leim durch einen Sack oder ein Tuch oder lasse ihn eine halbe Stunde stehen und schäume ihn dann oben mit einem Sack ab. Lasse ihn dann noch eine halbe Stunde stehen und gieße ihn gut ab und verwende ihn. Wenn er so lange steht, daß er anfängt zu faulen, so siede ihn nochmals, dann wird er wieder frisch. – Danach vergolde auf folgende Weise: Nimm das Holz, gleich was auch immer es sei, und tränke es zwei oder mehrere Male mit Leim, und zwar folgendermaßen: Nimm den Farbleim und erhitze ihn stark und erwärme auch das Holz. Verstreiche dann den Leim mit der Hand oder mit dem Pinsel schnell nach allen Seiten. Laß gut trocknen und überstreiche abermals mit Leim, jedoch nicht so heiß wie beim erstenmal, und laß wiederum trocknen. Wiederhole das so oft, bis das Holz ein wenig glänzend wird, und den Leim verwende jedesmal etwas kälter. Danach nimm Kreide und reibe sie gut mit Farbleim an. Nimm einen großen Topf und gib die Kreide hinein und gieße viel Leimwasser darüber, so daß es zum Schluß ein dünnes ›weyss‹ wird. Der Tiegel mit dem Wasser soll stets in warmem Wasser stehen. Dann trage das ›weyss‹ zuerst mit der Hand auf. Darauf nimm einen Borstenpinsel, der sauber und oben wohl zugeschnitten sein soll, damit er keine Haare verliert, und tauche ihn in das ›weyss‹. Nimm nicht zuviel in den Pinsel und ›dupplir‹ auf der Tafel schnell nach allen Seiten hin und her. Wenn du das Ganze zum erstenmal über›weist‹ hast, lasse es von alleine trocknen. Es soll nicht ganz hart, sondern nur fast trocken werden. Ebenso soll auch die Werkstatt, in der du es trocknen läßt, nicht zu heiß, sondern nur leicht angewärmt sein. Nimm dann die Kreide und gib etwas davon in das erste ›weyss‹ und dicke es ein wenig an. Trage dies auf und laß es wie vorher trocken werden. Tue dies sechsmal, nur nimm das ›weyss‹ immer dicker, so daß es beim letztenmal kaum durch den Pinsel geht. Es soll auch immer mit dem Pinsel und nicht mit der Hand aufgetragen werden. Nur das erstemal und die letzten Male laß es gut abtrocknen und schabe es dann, damit es glatt wird, mit ›ander schab‹ trocken oder mit einem gut schneidenden Messer. Danach schleife es ganz fein und nicht zu lange an derselben Stelle mit Schachtelhalm ab. – Darauf nimm Poliment und reibe es gut mit Wasser an (aber man soll nicht zu fest reiben) und vermische es mit Wasser und endlich mit einem Tropfen Leinöl. Danach nimm einen Badeschwamm und befeuchte ihn gut. Drücke dann das Wasser gut wieder aus und nimm ein wenig Poliment an den Schwamm, mit dem du es auf die Stelle, an der du vergolden willst, aufträgst, so daß das ›weyss‹ ein ›rodt‹ wird. Du sollst es aber sehr dünn und gleichmäßig auftragen. Laß es danach trocken werden und verreibe es zuerst mit der Hand (gib acht, daß die Hand nicht fettig oder schmutzig ist!), ›darnach an der andern, darnach an der andritten‹. Fahre dann mit einem sauberen Leinentuch darüber und schleife (die Fläche) mit dem Polierstein. Reibe sie glänzend und gib acht, daß du nicht zu lange an einer Stelle polierst, damit der Grund nicht zu -heiß wird, sondern glätte eine Weile an einer (anderen) Stelle und danach wieder an der ersten. Ebenso verfahre auch mit dem Schachtelhalm. Dann nimm ein sauberes Töpfchen und gieße einen Tropfen Wasser hinein und halb so viel Farbleim. Laß ihn zergehen und schütte ihn in das Wasser und nimm ›ein Eiweiß, als man da zach wein mit mar machst‹. Rühre das Ganze, bis es sich gut vermischt hat. Das Wasser braucht nicht warm zu sein. – Seihe dies dann durch ein Tuch und streiche es zweimal mit einem großen Haarpinsel auf, daß die Fläche gut naß wird. Nun ›scheuss das Gold darauf ab dem papier und plas es hin‹ und lasse es gut trocknen. Dann glätte es mit einem Polierstein, und wenn es fleckig ist, so streiche nur mit dem oben genannten Wasser ein wenig darüber und trage das Gold mit der Baumwolle auf. Wenn es dann trocken ist, so poliere es. – Den Silbergrund bereite in allem auf die gleiche Weise, nur lasse das ›pulment von den praunrot‹ wegfallen, und wenn du den Grund mit dem Schachtelhalm geschliffen hast, so reibe ihn mit dem Tuch, poliere ihn mit dem Polierstein, befeuchte ihn mit dem Wasser und trage das Silber auf die gleiche Weise auf wie das Gold. – Wenn du eine Tafel nur teilweise vergolden willst, so bereite sie vor und trage dann das Poliment auf.«

An anderer Stelle des gleichen Manuskriptes heißt es über die Bereitung des Bolusgrundes für die Vergoldung: »Nimm Kreide, die weichste, die du haben kannst, und reibe sie mit Wasser aufs feinste; dann tue darunter armenischen Bolus, am besten, das ist der, der, wenn du ihn an die Zunge hältst, bald und stark anzieht. Diesen reibe aufs feinste und vermische ihn mit der Kreide, so daß die Kreide eine Farbe bekommt wie das Papier, in das man das Gold legt. Dann reibe Kandiszucker darunter, so daß man die Süßigkeit von Grund erkennen kann, und tue es dann in eine Muschel. Willst du ihn verarbeiten, so nimm Mundleim, der aus Pergament gekocht ist, richte damit den Grund an und versuche ihn: Streiche ihn auf, und wenn er trocken ist, so schabe ihn. Gibt er gewundene Späne, so ist er gut; will er springen, so hilf nach mit Zucker; ist er zu schwach, so gib Leim zu. Streiche ihn gleich anfangs nicht zum dicksten an, sondern so, daß er eben decke, und befleißige dich gleichmäßigen Aufstreichens, nicht an einem Ende mehr als am anderen.« –

Ein anderes Sammelwerk, das sogenannte Mayerne-Manuskript, das von einem Engländer, dem *Grafen von Mayerne,* veranlaßt wurde, lehrt eine Vergoldung mit *Tempera,* die auch nichts anderes ist als Polimentvergoldung, und für die folgende Vorschrift gegeben ist:

»*Von der Vergoldung mit Tempera.* Wenn man mit Tempera vergoldet, d.h. in Glanzgold, so macht man dies auf armenischem Bolus, der auf weißer geleimter Kreide aufgetragen und mit dem Schabmesser oder mit Schachtelhalm gut geglättet ist. Wenn die letzte Schicht von Bolus mit dem Hundszahn gut glattgemacht ist, dann befeuchtet man sie nur mit klarem Wasser und sehr schwachem Leim aus Lederschnitzeln mit dem Ende eines zweiseitigen Pinsels, und mit dem anderen Ende legt man sein Gold auf. Ist dies getrocknet, so poliert man es mit dem Zahn. Dieses Gold taugt nichts für feuchte Stellen und auch nicht im Regen.«

Als letzter Gewährsmann aus früherer Zeit sei noch *Vasari* genannt. Dieser Autor beschreibt die Vergoldung auf Bolusgrund fast genau wie Cennini, nämlich: »Man vergipst das Holz mit feinstem Gips, der besser mit feinem als mit derbem Leim angemacht wird, und streicht diesen über den groben Gips in mehreren Lagen, je nachdem das Holz gut oder schlecht gearbeitet ist. Wenn der Gips geschabt und geglättet ist, nimmt man reines, mit Wasser aufs beste geschlagenes Eiklar, mischt in dieses aufs allerfeinste in Wasser geriebenen armenischen Bolus, gibt zuerst eine wässerige, sozusagen dünnflüssige und klare Lage und hierauf eine etwas dickere. Dann gibt man von diesem noch mindestens drei Lagen über die Arbeit, bis sie überall gleichmäßig angenommen ist. Man befeuchtet hierauf Stelle für Stelle mit einem Pinsel und reinem Wasser überall dort, wo der Bolus aufgetragen wurde, und gibt das Blattgold darauf, das auch auf dem Feuchten sofort haftet. Wenn dies beinahe, aber nicht ganz getrocknet ist, so brüniert man es mit dem Hund- oder Wolfszahn; auf diese Weise wird es glänzend und schön.«

Die heutige Polimentvergoldung

Die Glanzvergoldung auf Polimentgrund wird heute bei weitem nicht mehr so häufig angewandt wie in früheren Jahrhunderten. Für die gewöhnlichen Malerarbeiten ist das Ölgold Regel geworden, und auch an Stuckarbeiten, die sonst, z. B. in der Rokokozeit noch, fast immer mit Polimentgold versehen wurden, kommt heute vorwiegend Ölgold oder eine andere, billigere Vergoldungsart zur Anwendung. Erhalten hat sich dagegen die Polimentvergoldung bei der Ausschmückung kirchlicher Arbeiten, namentlich an Bildhauerwerken, an Altären, Statuen usw., und ferner in großem Maße bei der Rahmenfabrikation. – Soll die Vergoldung haltbar sein, so muß mit gründlicher Sorgfalt gearbeitet und alles in Betracht Kommende beachtet werden (vgl. Abb. 1–17).

Beschaffenheit des Holzes für Vergoldungen

Das Holz der zu vergoldenden Gegenstände muß gründlich ausgetrocknet sein. Ist dies nicht der Fall und wird auf feuchtem Holz gearbeitet, so schwindet das Holz zusammen, es entstehen Risse, und unter Umständen, wenn das Holz sehr feucht war, kann sogar der ganze Leimgrund mit der darauf sitzenden Vergoldung abspringen. – Ferner ist darauf zu achten, daß das Holz gut vorgearbeitet, gut geglättet und geschliffen ist. Bei Nadelholz müssen etwa vorhandene Harzflußstellen ausgebrannt oder mit scharfem Messer ausgeschnitten und dann mit Leimgips verkittet werden.

Das Leimtränken

Die erste Arbeit ist dann das sogenannte Leimtränken, d. h. das Überstreichen des ganzen Gegenstandes mit warmer Leimlösung. Diese Leimlösung wird aus bestem Kölner Leim bereitet, der, wie es auch sonst üblich ist, in Wasser über Nacht, besser noch 24 Stunden, eingeweicht und dann gekocht wird. Das Kochen geschieht, um das Anbrennen zu vermeiden, im Wasserbade, einem doppelten Behälter also, wie die bei den Tischlern allgemein gebrauchten Leimtöpfe. Auf 1 Pfund Leim rechnet man 3 Liter Wasser. – Das Leimtränken muß ziemlich schnell geschehen; es darf nicht zuviel, aber auch nicht zuwenig Leim aufgetragen werden. Zu dickes oder zu starkes Leimen bewirkt, daß die nachfolgenden Aufträge keine rechte Verbindung mit dem ersten Grund und dadurch mit dem Holz erhalten und infolgedessen leicht zum Springen neigen; zu schwache Leimung verursacht ungleichmäßiges Einziehen der späteren Aufträge und damit schwieriges Arbeiten. *Als Regel gilt, daß die Leimtränkung nicht direkt glänzend stehenbleiben, aber auch nicht ganz matt einschlagen, sondern einen gewissen seidenartigen Halbglanz zeugen soll.* Den richtigen Maßstab für die Beurteilung der Leimtränke kann natürlich nur die Erfahrung bringen. Man tut gut, an kleinen Separatstückchen eine Probe zu machen, ob die Leimtränke stark genug und doch nicht zu stark ist.

Harte Holzarten, Eiche, Nußbaum oder dgl., ziehen wesentlich weniger Leim ein als weiches Holz, Linde, Nadelhölzer usw.; man muß deshalb bei harten Hölzern die Leimtränke etwas dünner halten, kann also die vorhin angegebene Wassermenge auf 4 Liter erhöhen.

Der Kreidegrund

Ist die Leimtränkung gut getrocknet, so folgt das Auftragen des Kreidegrundes. Dies geschieht in verschiedener Weise. Während vielfach von vornherein stets mit einer einzigen Kreideart, z. B. mit

Bologneser- oder Schlämmkreide usw. gearbeitet wird, benützt man anderswo, besonders in Österreich und Süddeutschland, zu den ersten Aufträgen einen besonderen Grund, den schwarzen oder Steingrund, im Gegensatz zu dem als »Weißgrund« bezeichneten Grund aus reiner Kreide so genannt.

Wenn man nur mit weißem Kreidegrund arbeitet, so wird dieser genauso zubereitet, wie es später (bei der Bearbeitung des Weißgrundes) eingehend geschildert ist. *Die ersten 2–3 Aufträge dürfen aber nicht streichend geschehen, sondern man muß den Grund tupfend auftragen,* den Pinsel also mäßig füllen und in kurzen Bewegungen aufstoßen, ohne dabei eine Stelle öfter als einmal zu treffen. Durch dieses Tupfen soll vermieden werden, daß sich – wie es beim Streichen leicht der Fall sein könnte – gesonderte Schichten bilden, die etwa Anlaß zum Abspringen werden könnten. *Beim erstmaligen Tupfen hält man den Grund heiß,* damit die innige Verbindung mit dem aufgestrichenen Leim vor sich gehen kann, *bei den nachfolgenden und ebenso den daraufkommenden weiteren Aufträgen aber nur mehr lauwarm.* – Nach den drei getupften Aufträgen folgen dann noch vier bis fünf weitere, bei denen der Grund mit Pinseln aufgestrichen wird. Näheres wird hierüber noch später bei der Beschreibung des Weißgrundes gesagt werden.

Der Steingrund

Mehr zu empfehlen ist nach Ansicht des Verfassers das Arbeiten mit Steingrund und nachfolgendem Weißgrund. Dieser Steingrund ist nichts anderes als eine gut gebundene Leimfarbe, und zwar nimmt man dazu die sogenannte graue, die Grund- oder Bergkreide, eine nicht ganz weiße, sondern gelbgrau getönte, tonartige Kreide, die an manchen Stellen, z. B. in Österreich und auch in Bayern, im Gebirge vorkommt. In Süddeutschland und in Österreich ist diese Grundkreide in allen Fachgeschäften zu haben. Die Kreide wird in Wasser eingeweicht, so daß sie ganz vom Wasser bedeckt ist; dann läßt man sie über Nacht stehen, gießt das obenstehende Wasser ab, rührt gut um und leimt sie. Der Leim muß natürlich ebenfalls gut geweicht, gelöst und dabei ziemlich stark sein; man rechnet auf ein Pfund trockenen Leim etwa 1½ Liter Wasser, nicht mehr. Den Leim läßt man, bevor die Farbe geleimt wird, durch ein Sieb oder ein entsprechendes Tuch gehen, um etwa darin befindliche Unreinlichkeiten zurückzuhalten; in gleicher Weise muß auch der fertige Steingrund gesiebt werden.

Das Leimen der eingeweichten Kreide ist wieder Gefühlssache und läßt sich schwer in Gramm ausdrücken. Als Regel gilt, daß der geleimte Grund beim Aufheben des Rührholzes von diesem ablaufen muß, nicht also in einzelnen Tropfen niederfallen darf, sondern in glattem, zusammenhängendem Strahl fließen muß – genauso wie eine richtig gebundene Leimfarbe.

Der Steinkreidegrund wird mit passenden Borstenpinseln aufgetragen, und zwar heiß, am besten ebenfalls tupfend. Es leuchtet ein, daß diese Arbeit schnell geschehen muß, damit Profile, Verzierungen usw. nicht zu sehr durch die schnell erstarrende Kreide verschmiert werden. Um den Grund stets gleichmäßig heiß zu halten, empfiehlt es sich, das Gefäß in ein zweites, mit Wasser halb gefülltes zu hängen und unter diesem eine kleine Flamme zu unterhalten.

Diesen ersten Grundstrich läßt man gut austrocknen und bearbeitet ihn dann mit Holzraspeln, um die Unebenheiten des Holzes zu beseitigen. Etwaige Vertiefungen, Stiftlöcher usw. kittet man noch mit dickem Grund aus und trägt dann den gleichen Grund nochmals in gleicher Weise auf. Dieser wird aber nicht geschliffen, sondern man geht gleich zum Auftragen des Weißgrundes über.

Bereitung und Auftragen des Weißgrundes

Zum Weißgrund wird statt der grauen Grundkreide eine weiße Kreideart verwendet. Im Gebrauch sind sowohl die gewöhnliche Schlämmkreide als auch Champagner- und Bologneserkreide und China-Clay (eine Tonart). Diese Materialien sind jedoch nicht durchaus gleich und erfordern gewisse Unterschiede in der Bearbeitung, namentlich im Schleifen. Der mit Bologneserkreide hergestellte Grund wird naß geschliffen, China-Clay- und Champagnerkreide können naß und auch trocken geschliffen werden; naß allerdings nur, wenn der Grund öfter aufgetragen wurde; der sogenannte Wiener Kreidegrund (gewöhnliche Schlämmkreide) ist aber nur trocken schleifbar. Die Bereitung dieses Weißgrundes muß mit besonderer Vorsicht geschehen, und zwar auf die Weise, daß die Kreide in den Leim eingerührt wird. Arbeitet man mit Bologneserkreide, so nimmt man eine Leimlösung von 1 Pfund Leim in 2 Liter Wasser; für China-Clay-, Champagner- und Schlämmkreide nimmt man den Leim schwächer, auf 1 Pfund 3 Liter Wasser, setzt jedoch dem noch heißen Leim etwas (aber nur etwas!) Leinöl zu.

Bei der Zubereitung darf der Leim nicht mehr heiß, sondern nur handwarm sein, d.h. nur so warm, daß er nicht gelatiniert und daß man noch mit dem Finger hineinlangen kann. Die Kreide muß trocken und fein gepulvert sein und wird vor der Vermischung mit dem Leim durch ein Sieb getrieben, so daß etwaige harte Körper und Verunreinigungen zurückbleiben. Sodann gibt man die Kreide in kleinen Portionen (mit der Hand) ohne umzurühren in den Leim und läßt sie einsinken, gibt immer wieder frische Kreide nach, so lange, bis nichts mehr einsinken kann. Erst dann rührt man mit einem Rührholz um, aber langsam, ruhig und stets bis zum Boden greifend. Schnelles Rühren ist zu vermeiden, weil dadurch Luftblasen entstehen, die einer gleichmäßigen Massenbildung störend entgegenwirken würden.

Der fertige Weißgrund muß so dick sein, daß das Rührholz sich darin nicht umlegen kann, sondern aufrecht stehen bleibt. Zuletzt wird dann die geleimte Kreide nochmals durchgesiebt, damit keine unverrührten Knollen darinbleiben. Zu diesem Durchsieben benützt man ein feines Drahtsieb, und der Grund muß warm sein; sollte er durch das Umrühren kalt geworden sein, so erwärmt man ihn, indem man ihn in ein Gefäß mit heißem Wasser stellt. Daß alle hierbei in Gebrauch kommenden Geschirre sauber sein müssen, bedarf keiner besonderen Erwähnung. Die Weißgrundbereitung ist bei Bologneser-, Champagner- und Schlämmkreide die gleiche; *China-Clay wird dagegen zuerst eingeweicht und dann der Leim zugegeben.*

Der Weißgrund wird stets warm aufgetragen, weil der Grund in kaltem Zustande gallertig ist, also mit Pinseln nicht verarbeitet werden kann. Man stellt dazu das Gefäß mit dem fertigen Weißgrund in ein zweites, größeres Gefäß mit heißem Wasser, das, wenn es anfängt kalt zu werden, durch wärmeres ersetzt werden muß. – *Beim Auftragen selbst unterscheidet man zwei Arten, das Anreiben und das Flüssiggrundieren. Anreiben heißt, den Grund mit kurzem Pinsel recht mager und dürr aufstreichen, also recht wenig Grund auf den Gegenstand bringen.*

Wenn vorher gesagt worden ist, daß der Grund nicht wesentlich verdünnt werden soll, so ist andererseits auch zu beachten, daß der Grund nicht zu stark wird. Durch das beständige Warmhalten ist es unvermeidlich, daß Wasser verdunstet und dadurch der Grund nach längerem Gebrauch prozentual mehr Leim enthält als im Anfang. Da aber eine stark geleimte Farbe auf schwächerem Grunde sehr leicht abblättert, ist es dringend nötig, dem Grund vor Beginn eines neuen Auftrags etwas Wasser beizugeben, um das verdunstete Wasser wieder zu ersetzen. Allerdings darf dieser Wasserzusatz niemals zu groß werden, sondern muß sich in den durch die Menge des Grundes gegebenen Grenzen halten.

Je nach der Art des benützten Kreidematerials ist die Art des Auftrags und ebenso die Anzahl der Aufträge verschieden. Bolognesergrund (der dort verwendet werden muß, wo der fertige Weißgrund separiert werden soll) wird zweimal angerieben und dann zweimal flüssig aufgetragen. Champagnergrund wird fünf- bis sechsmal angerieben und nur einmal flüssig, Schlämmkreidegrund zweimal angerieben und einmal flüssig grundiert. – China-Clay macht ein besonderes Verfahren nötig: Hier muß der Steingrund nach dem Trocknen zuerst nochmals geleimt werden wie das rohe Holz, dann wird zweimal angerieben und hierauf zweimal flüssig grundiert. Jeder Auftrag muß bei 17 bis 20 Grad Wärme gut trocknen, bevor ein neuer begonnen wird, und zwar nicht in der Sonne oder am nahen Ofen. Der zu streichende Grund soll Zimmerwärme haben, zu kalter Grund führt zu raschem Gelatinieren des Leimes im Stein- oder Weißgrund. Es ist üblich, besonders auch bei alten Gegenständen, die neu vergoldet werden, daß ein sogenannter Halbgrund angewendet wird, bestehend aus einer Mischung gleicher Teile Bologneserkreide und China-Clay. Dieser Grund muß mehrmals angerieben werden, bis eine genügend starke Schicht vorhanden ist, und dann wird noch einmal flüssig durchgrundiert. Gerade auch diese Arbeiten können nicht sorgfältig genug erfolgen.

Plant man eine Gravierarbeit, so ist wichtig, daß der Kreidegrund geschmeidiger wird, um zügig später mit Graviereisen arbeiten zu können. Man bereitet sich den Kreidegrund mit einem größeren Anteil von Champagner-Bologneserkreide. Hier ist es natürlich ratsam, daß man sich vorher Proben bereitet, um festzustellen was nötig ist. Das Gelingen einer Gravierung hängt ganz von der Geschmeidigkeit des Grundes ab.

Das Schleifen des Kreidegrundes

Die weitere Bearbeitung geschieht nun durch Schleifen oder Reparieren; durch diese Arbeiten muß der Grund ganz glatt und ohne Fehler hergestellt werden, da die darauffolgenden Aufträge von Poliment daran nichts mehr verbessern können. Es ist deshalb auf das Schleifen wie auf das Reparieren von vornherein größte Sorgfalt zu verwenden. Das Schleifen geschieht meist naß, mit Bimsstein oder Schachtelhalm, seltener trocken, mit Glaspapier. Besonders eignet sich das wasserfeste Ölschleifpapier in der feinsten Körnung.

Zum Schleifen mit Bimsstein kann Naturbimsstein oder Kunstbimsstein benützt werden; nur achte man darauf, daß der Stein keine kleinen Sandkörnchen abläßt, da diese beim Schleifen auf der Fläche großen Schaden anrichten können. Für Profile usw. schneidet man sich eigene Stückchen Bimsstein, die sich genau der Gliederung anpassen müssen. Mit einem weichen, sauberen Schwamm feuchtet man dann eine Stelle an, nimmt den Stein, der ebenfalls gut durchfeuchtet sein muß, und schleift hiermit rasch, aber doch vorsichtig und gleichmäßig unter leichtem Druck die angefeuchtete Stelle.

Auf ebenen Flächen schleift man in kurzen kreisförmigen Bewegungen, an plastischen Teilen der Form entsprechend. Glaubt man genug geschliffen zu haben, nimmt man den durch das Schleifen entstandenen Schmutz mit einem nicht zu kleinen Schwamm ab; bei ebenen Flächen kann eine Holz- oder Hornspachtel verwendet werden.

Dieses Schleifen ist eine der schwierigsten Arbeiten des Vergoldens, und man braucht in der Regel längere Übung, bevor man es darin zu einer gewissen Sicherheit bringt, so daß man schon während des Schleifens erkennt, ob die betreffende Stelle genug bearbeitet ist oder noch weitergeschliffen werden muß. Anfänger müssen natürlich den Schmutz abnehmen und nachsehen und dann eventuell noch weiterschleifen, so lange, bis nichts mehr auszusetzen ist.

Vor allem ist zu beachten, daß der Schwamm nicht zu viel Wasser enthält und keine Tropfen auf die Fläche fallen. Wo dies doch geschieht, nehme man den Tropfen sofort mit dem Schwamm oder besser mit einem Leder weg; denn sonst bilden sich, da das Wasser den Grund löst, tiefere Stellen, Löcher, die nur schwer ganz ohne Spuren wegzubringen sind.

Sind die zu schleifenden Gegenstände reich verziert, profiliert oder von bewegter Oberfläche, wie Gewänder an Statuen und dergleichen, so kann man mit Bimsstein wenig ausrichten; es ist dafür Schachtelhalm zu nehmen. Diese Schachtelhalme sind die Stengel des bekannten Sumpfgewächses Equisetum. Vier bis sieben davon werden zu einem Büschel gebunden, in Wasser geweicht, mit der Schere glattgeschnitten, und dann wird damit das Schleifobjekt – ebenfalls naß – abgerieben, bis der gewünschte Grad von Glätte und Feinheit erreicht ist. Je kleiner die Gliederung des betreffenden Gegenstandes ist, desto vorsichtiger muß geschliffen werden. Für ganz feine, zierliche Formen wendet man statt vier bis sieben Schachtelhalmstengeln entsprechend weniger an, eventuell nur einen allein; manchmal, an Gesichtern und dergleichen, wird sich ein Modellierstäbchen aus Hartholz oder Elfenbein als zweckdienlich erweisen. Ist alles fertiggeschliffen und der Schleifschmutz beseitigt, dann läßt man trocknen, schleift ebene Stellen nochmals mit allerfeinstem Ölschleifpapier leicht nach und kann anschließend, nachdem das Ganze sorgfältig gereinigt ist, mit dem Auftragen des Poliments beginnen.

Das Reparieren des Kreidegrundes

Das Reparieren auf Kreidegrund ist ein trockenes Glätten des Grundes mit besonderen Stahlwerkzeugen an Stelle des Nachschleifens mit Bimsstein und Wasser. Diese Instrumente, sogenannte Reparier- oder Graviereisen, gibt es in den verschiedensten Formen und Größen, um an alle vorkommenden Profile usw. herankommen zu können.

Erfordert schon das Schleifen große Vorsicht und behutsames Arbeiten, so gilt dies in noch viel höherem Maße vom Reparieren. Der Weißgrund ist trotz seiner Schleifbarkeit verhältnismäßig weich, die scharfen Schneiden der Eisen greifen ihn deshalb leicht an, und so gibt es bei unvorsichtiger Handhabung leicht Fehlstriche, die viel Nacharbeit erfordern.

Ferner ist unbedingt nötig, daß beim Reparieren die Zeichnung scharf und rein bleibt, daß namentlich die Umrisse etwaiger Ornamente, eingeschnittene Linien usw. sauber und formgerecht hergestellt und überhaupt alle Feinheiten der Ausführung beibehalten werden.

Der Ausführende muß also nicht nur technische, sondern auch Formen- und Stilkenntnisse besitzen; dies um so mehr, als die Arbeit vom Bildhauer, Schnitzer oder Stukkateur nicht immer einwandfrei geliefert wird. Oft muß der Vergolder noch manches verbessern.

Aufbau einer Polimentvergoldung

1 Der gut durchgetrocknete Weißgrund wird mit natürlichem oder künstlichem Bimsstein naß geschliffen und der Schleifschlamm mit der Japanspachtel abgezogen. Dabei sind jeweils nur kleine Flächen zu netzen und auszuschleifen. Der letzte Schliff erfolgt trocken mit feinstem Schleifpapier.

2 Nach dem Aufpausen der Zeichnung wird graviert. Werkzeuge: spitze, runde und flächige Reparierhaken, Eisenlineal, Auszieheisen.

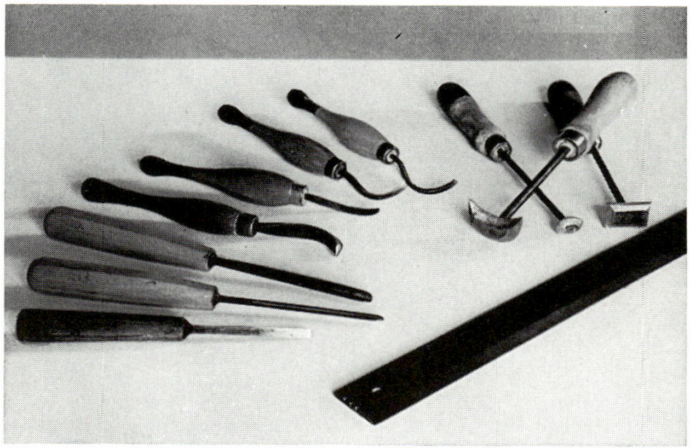

3 Beim Gravieren des Weißgrundes. Anschließend wird die Lösche gut warm, dünn und gleichmäßig aufgetragen (50 g Leim und etwas Poliment in 1 Liter Wasser).

4 Dann wird jeweils in Größe des Goldblattes genetzt (Netze: 3 Teile Wasser, 1 Teil 95prozentiger Alkohol) und vergoldet. Das Bild zeigt die wichtigsten Werkzeuge dazu.

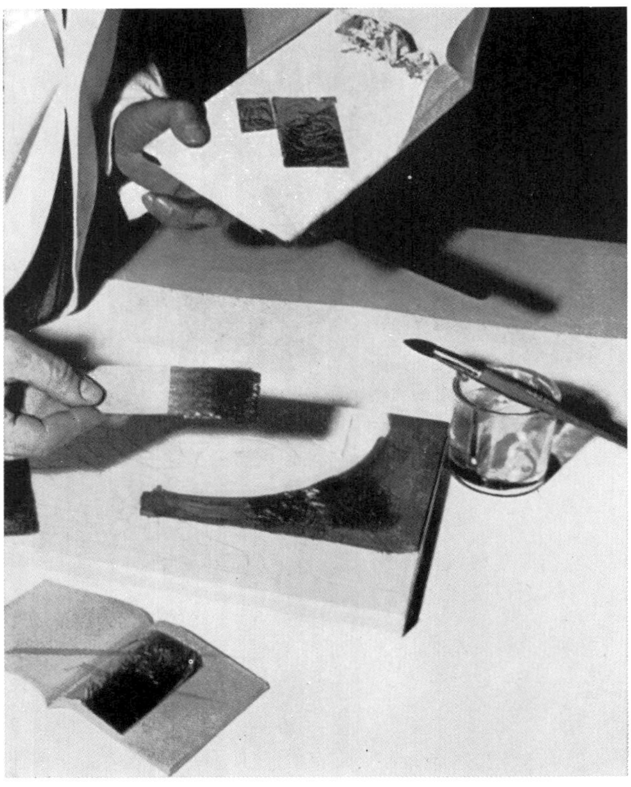

5 Das Gold wird angelegt; bei Graviervertiefungen wird es mit dem Fehhaarpinsel leicht angedrückt.

6 Nach dem Austrocknen des angeschossenen Goldes wird mit dem Achat-Polierstein poliert, nachdem überschüssiges Gold mit dem Fehhaarpinsel vorsichtig abgehoben wurde. Hier die Werkzeuge dazu.

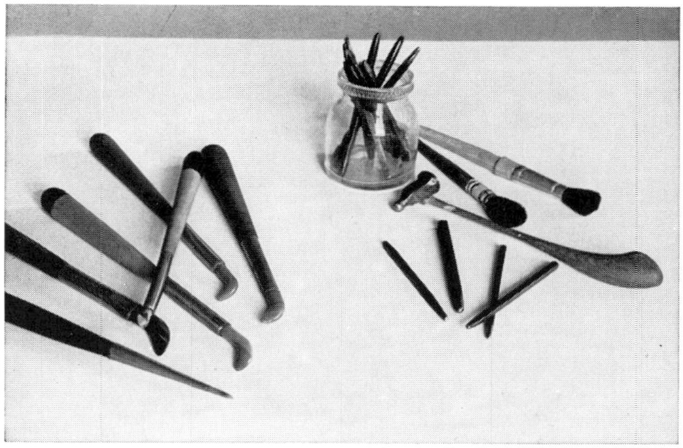

7 Polieren mit dem Achat-Polierstein.

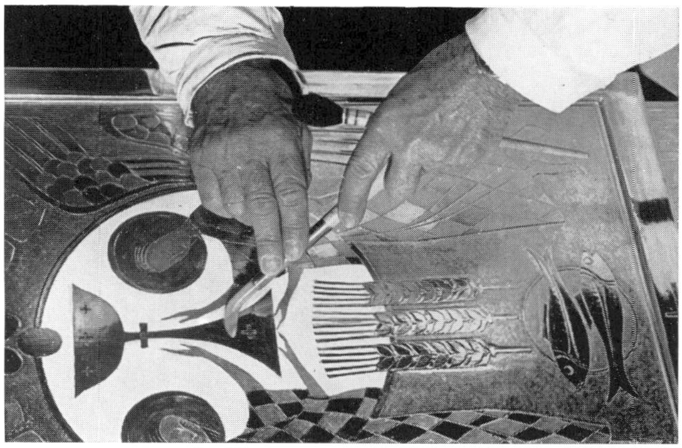

8 Nachdem die unpolierten Mattgoldflächen mit Netze und Polimentleim (1:1) lauwarm überzogen (festgesetzt) sind, wird die polierte Hintergrundfläche unter leichtem Schlag mit geriffelten Punzen gleichmäßig behämmert. – Im Fall des hier gezeigten Beispiels erfolgte dann das Durchreiben des Glanzgoldes mit feinstem Bimsmehl; das Durchscheinen des roten Poliments ergab dunkleren Ton. – Auf die große Kreisfläche wurde Polierweiß (Zinkweiß in Magermilch) mehrmals dünn (bis zur Dekkung) aufgetragen und mit einem nicht abgezogenen Achat poliert. – Abschließend ein Schutzüberzug mit Zapon- oder Schellack.

9 Türe eines Schmuckschränkchens, Kreidegrundaufbau, Ornament aufgegossen, Vertiefungen in Polierweiß, Zeichnung in Glanzgold.

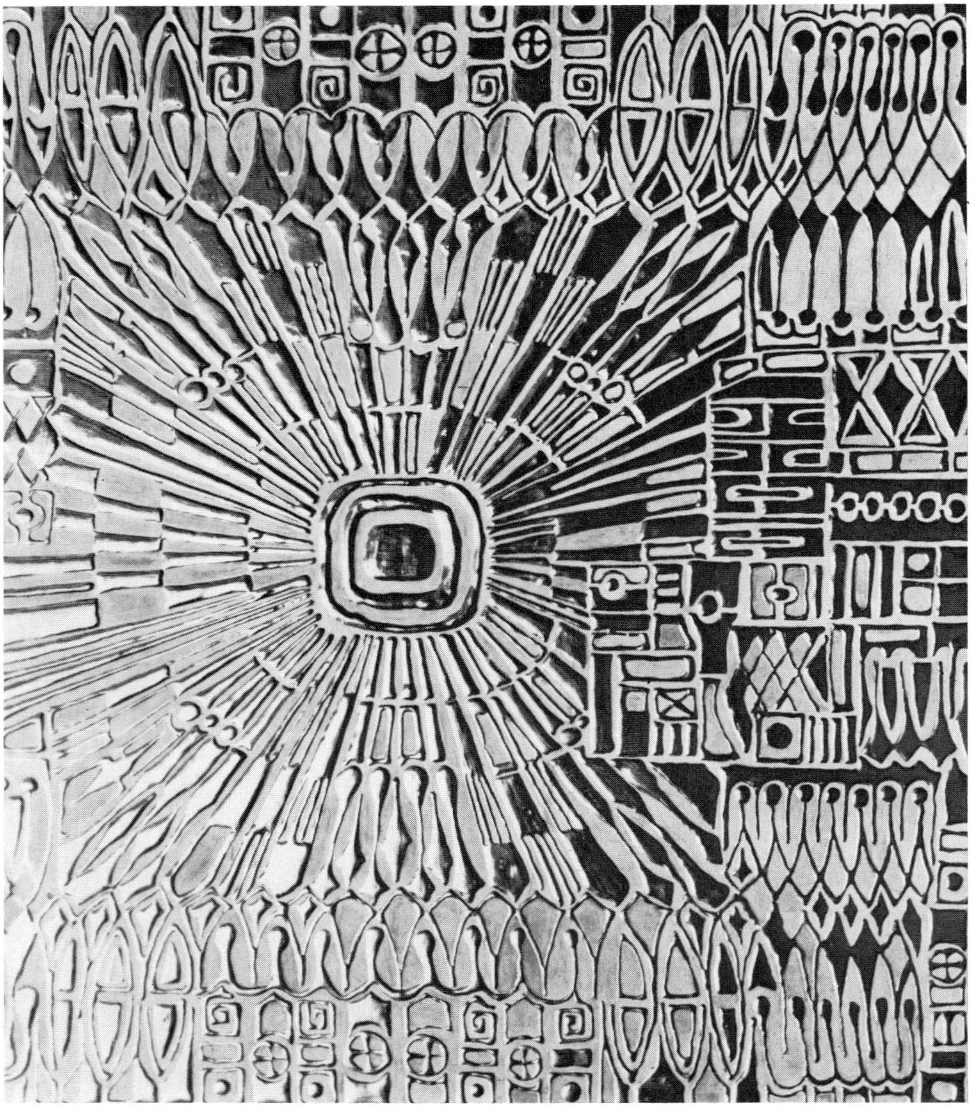

10 Tabernakel. Ausführung: Kreuzform und Apostel mit leichter Gravur, Kreuz hellgrau mit Polierweiß, Apostel mehrfarbig und poliert. Hintergrund und Tabernakelkörper graviert. Schrift in Glanz- und Mattgold.

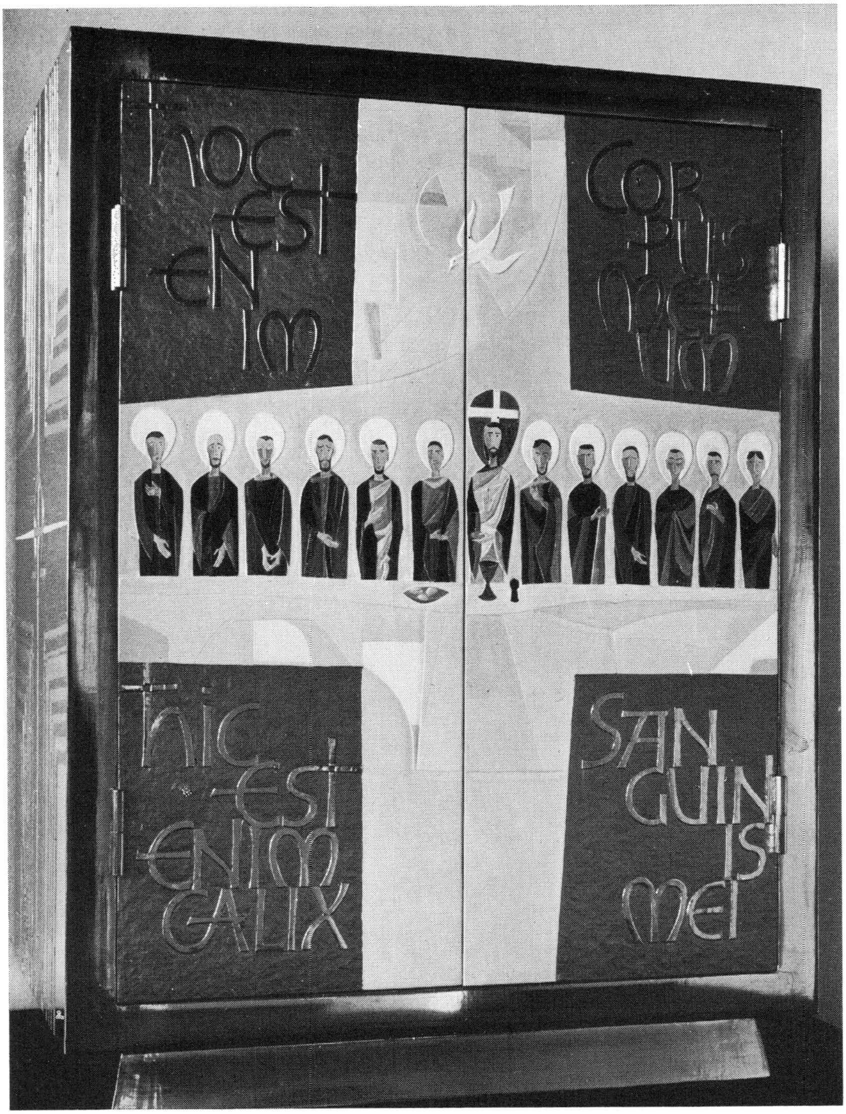

11 Säule in Polierweiß und Gold. Bei dieser Arbeit wurden sämtliche Möglichkeiten der Polierweiß- und Goldtechnik angewandt. Gravierter, genoppter, gestrichelter, leicht gerauhter und geglätteter Kreidegrund. Darauf Gold in den verschiedensten Tönungen (Zitron-hell-dunkel) von 18 bis 24 Karat, zusätzlich Glanz- und Mattgold, dazu Polierweiß poliert, frottiert. Die vielfältigen Möglichkeiten sollten hier demonstriert werden.

12, 13 Varianten der Möglichkeiten. Musterplatten in Gold- und Polierweißtechniken und zusätzlich teilweise graviert, plastisch gemalt, gegensätzlich glanz- und mattpoliert, teilweise versilbert und oxidiert. Anwendungsmöglichkeiten für Füllungen, kleinere Schränkchen, Schmuckplatten.

14 △

15 ▽

14 Türfläche in Polierweiß und Gold. Das Ornament wurde mit dem Stichel graviert, auf rotem Bolus wurde vergoldet, verschiedene Einzelheiten (besonders die Knöpfe) hochglanzpoliert, übriges Gold matt. Hintergrund Polierweiß poliert. Wegen der Oberflächenempfindlichkeit wurde die gesamte Fläche mit Zaponlack überspritzt.

15, 16 Vergoldearbeiten auf Naturholz mit Hilfe von Siebdruckschablonen. Die Technik der Siebdruckarbeit soll hier nicht erläutert werden. (Orientierungsmöglichkeiten für den handwerklichen Maler bietet das Buch: Ehlers, »Siebdruck«, Callwey, München.) Die Vergoldung ist unkompliziert. Auf einem guten, glatten Untergrund erfolgt der Mixtionauftrag (mit Sieb oder gemalt mit dem Pinsel). Am anderen Tag wird das Gold aufgetragen.

16 △ 17 ▽

17 Vergoldung auf Beton in einem Hallenbad. Die zu behandelnde Fläche wird mehrmals mit Fluat neutralisiert und nach Abwaschen der Ausblühungen und guter Durchtrocknung mehrmals mit Schellack so lange eingelassen, bis sie nicht mehr saugt. Nun legt man mit einem guten Kunstharzlack (rot oder gelb) je nach gewünschter Goldwirkung die Formen an. Zum Schluß erfolgt eine Anlage mit Mixtion (am besten 12-Stunden-Mixtion), am nächsten Tag die Vergoldung mit möglichst hochwertigem Blattgold, 23¾- oder 24karätig, denn spätere Ausblühungen sind auch bei sorgfältigster Grundbehandlung nicht auszuschließen. Bei reinem Gold würde aber eine Oxidation nicht auftreten, während bei Legierungen sich Flecken bilden könnten.

Als Regel beim Reparieren gilt, daß zuerst die am meisten zurückliegenden Teile des betreffenden Gegenstandes, also Hintergründe usw., bearbeitet werden, dann nach und nach das Ornament selbst, auch hier die dem Grunde zunächst liegenden Partien vorrangig, und zum Schluß die am meisten vorstehenden Stellen.

Aus dem Gesagten geht schon hervor, daß das Reparieren nur darauf beruht, mit dem scharfen Eisen so viel von dem aufgetragenen Weißgrund abzuschaben, als nötig ist, um eine ganz glatte, kornfreie und ebene Fläche herzustellen; es ist also eine Art Abziehen oder Abhobeln, und tatsächlich sehen auch die sich beim zügigen Arbeiten ergebenden Abfälle des Grundes feinen Hobelspänen sehr ähnlich.

Es ist stets achtzugeben, daß nicht zu viel weggenommen wird; man muß vielmehr immer bestrebt sein, nur möglichst wenig vom Grunde abzuziehen, damit man nicht mit den Eisen auf den Steingrund kommt.

Das Reparieren ist nur auf Bolognesergrund möglich; Weißgrund aus Champagnerkreide, Schlämmkreide und China-Clay ist zu spröde, um in dieser Weise bearbeitet zu werden, hier kann also nur naß geschliffen werden.

Heute ist allerdings das Reparieren selbst bei Berufsvergoldern eine sehr seltene Beschäftigung geworden; man scheut die umständliche, schwierige und zeitraubende Arbeit und sucht sie durch das schnellere Schleifen zu ersetzen. Es ist auch tatsächlich größtenteils als überflüssig zu bezeichnen, da im allgemeinen die Bildhauerarbeit jetzt wesentlich besser als früher ist und deshalb keine so dicken Schichten nötig sind, die dünnen Grundschichten aber durch Schleifen allein recht gut hergerichtet werden können. Zum Schleifen kann hier die sehr gut geeignete *Stahlwatte* benutzt werden, die nicht stark angreift, doch genügend Schleifwirkung hat. Allerdings muß beachtet werden, daß Reste der Stahlwatte gründlich beseitigt werden, weil diese sonst durch Netze und Poliment, und besonders bei Polierweiß, kleine Rostflecken bilden, die sich später bei der fertigen Arbeit unangenehm bemerkbar machen.

Das Punzieren und Gravieren

Ein Nebenzweig des Reparierens ist die Anbringung von vertieften Verzierungen am fertig geschliffenen Weißgrund durch Gravieren oder Punzieren. Man bringt hiermit Flächenmuster an auf Gewändern von Statuen sowie an Hintergründen, ferner verziert man in dieser Weise Gewandborten, Friese oder Plättchen an Rahmen usw. Die Arbeit verlangt vor allem größte Genauigkeit, damit die Zeichnung auch richtig zur Wirkung kommt.

Linien und dergleichen werden nach Art der Graveure mit feinen Stecheisen oder auch passenden Graviereisen ausgeführt, kreis- oder halbkreisförmige Figuren sowie sonstige immer wiederkehrende Formen (Rechtecke, Quadrate usw.) durch die bekannten Punzen oder auch mit Locheisen. Punzen wie Locheisen sind in jeder Werkzeughandlung vorrätig.

Beabsichtigt man, an einem Arbeitsstück derartige Verzierungen anzubringen, so muß man von vornherein damit rechnen und den Weißgrund zwei- bis dreimal öfter auftragen, als sonst nötig ist, damit die Einschnitte ein gut wirkendes Relief erhalten. Ist die Gravierung ganz fertig, so wird noch einmal mit möglichst breiten Repariereisen leicht abgezogen und mit feinstem Glaspapier leicht nachgerieben; dann ist die Arbeit bereit zum Polimentieren.

Gravierungen werden schon seit fast 150 Jahren nur noch selten angebracht, wenigstens bei weitem nicht mehr so viel wie früher. An alten Arbeiten sieht man oft reiche, unendlich mühevoll ausgearbeitete Gravierungen, sogenannte Damast- oder Brokatmuster. Diesen Arbeiten wohnt ein eigener, feiner Reiz inne. Sie sind die höchste und stilgerechteste Entwicklung der ganzen Glanzgoldtechnik.

Das Löschen des Kreidegrundes

Mit »Löschen« wird das Überstreichen des geschliffenen Grundes mit Leimwasser oder dünnem Poliment bezeichnet. Man unterscheidet die Leimlösche und die Spiritus- oder Polimentlösche. Das Leimlöschen geschieht mit ziemlich schwachem, heißen Leimwasser. Man kann hierfür ein bestimmtes Maßverhältnis angeben, da viel auf die Beschaffenheit des Kreidegrundes ankommt. Die Lösche wird daher in einem Fall einen stärkeren Leimgehalt haben müssen als im anderen Fall. Durch die Leimlösche soll für das Poliment eine Zwischenschicht auf dem Kreide-Weißgrund hergestellt werden, die einem allzu starken Anziehen des Grundes vorbeugt; das Anziehen wechselt naturgemäß mit der Beschaffenheit des Grundes. Selbst wenn zwei Stücke mit gleichem Grund bis zum Löschen fertiggemacht sind, kann doch ihre Aufsaugfähigkeit verschieden sein. Wenn nämlich ein Stück länger geschliffen wird als ein anderes, so wird dieses eine größere Menge des im Grund enthaltenen Leims durch das nasse Schleifen verlieren; die Folge ist dann, daß der Grund schwächer im Leim wird und stärker anzieht. Als ungefähres Maßverhältnis kann man 35 Gramm Leim auf 500 Gramm Wasser annehmen. Die Leimlösche muß heiß aufgetragen werden. Auch eine anders bereitete Lösche, bei der nicht reines Leimwasser, sondern ein etwas stärker bleibendes Poliment verwendet wird, muß heiß aufgetragen werden. Hierbei wird das gebrauchsfertige, geleimte Poliment in ein besonderes, sauberes Gefäß getan und etwa die Hälfte der eigenen Menge an Leimwasser von der oben angegebenen Stärke hinzugesetzt.

Eine dritte Methode des Löschens wird hauptsächlich auf starkem Leimgrund und trocken geschliffenem Weißgrund angewendet; sie wird Spiritus- oder Polimentlösche genannt. Man nimmt hierzu wenig Poliment in ein sauberes Gefäß, zum Beispiel ein Glas, und gibt ungefähr das Fünf- bis Siebenfache an reinem Wasser, Spiritus oder reinem Branntwein dazu. Der Spiritus soll etwa ein Viertel des Ganzen ausmachen. Dies verrührt man gut mit einem langhaarigen Borstenpinsel und trägt es dann wie die anderen Löschen schnell und gleichmäßig – aber kalt – auf.

Wenn die Lösche trocken geworden ist, kann man mit dem Polimentieren beginnen. Es ist zwar üblich geworden, das Löschen ganz zu unterlassen und gleich mit dem Polimentieren zu beginnen, doch eine saubere und haltbare Arbeit erzielt man nur auf die altbewährte Weise. – Es ist noch zu bemerken, daß nur jene Teile gelöscht und in der Regel auch polimentiert werden, die Glanzgold erhalten sollen, also poliert werden. Man kann auch auf Poliment matt vergolden; es geschieht aber nicht sehr oft. In späteren Beschreibungen wird darauf noch eingegangen.

Das Poliment – Zubereitung und Anwendung

Das Poliment ist ein feiner, besonders vorbereiteter und geleimter Ton von roter, gelber oder graublauer Färbung. Dieser Ton wurde von jeher als Hauptmaterial für den Golduntergrund verwendet; heute noch ist der rote, sogenannte *armenische Bolus* der gesuchteste von allen, obwohl selbst der als angeblich echt armenisch verkaufte tatsächlich kaum von Armenien etwas anderes hat als den Namen. Gute Bolusarten werden auch in *Frankreich, Böhmen,* in *Deutschland,* in Bayern (Wunsiedel), *Sachsen* (Scheibenberg) und in *Schlesien* gegraben. Die rote Färbung rührt nur von einem Gehalt an Eisenoxid her und ist für die Qualität der Arbeit ohne Belang. Will man einen Bolus auf seine Güte untersuchen, so übergießt man ein Stückchen mit Salzsäure, die ihn ohne Rückstand lösen muß, wenn er rein ist; die Säure färbt sich dabei gelblich.

Eine weitere, einfachere und den Vergoldern geläufige Untersuchungsart besteht im Versuchen des Tons mit der Zunge. Die Zunge muß am Ton klebenbleiben; es ist das ein Zeichen, daß der Ton »anzieht«; je nach dem Grade dieses Anziehens wird dann die Fähigkeit des Tons, das Gold zu halten, eingeschätzt. Ein zweiter Versuch hat die Feinheit des Tons zum Gegenstande. Wer darin geübt ist, kann dies schon beim Reiben einer kleinen Probe zwischen Daumen und Zeigefinger erkennen, besser aber noch, wenn man eine geringe Menge auf die Backenzähne bringt und draufbeißt: ein feiner Ton darf hierbei nicht kratzen oder knirschen, sonst ist er sandhaltig.

In der Vergoldung spielt der Ton die Rolle des Goldträgers. Auf ihm haftet infolge seiner Fettigkeit und Saugkraft das dünne Goldblatt fest. Diese Eigenschaften können noch durch verschiedene Bearbeitungen verstärkt werden, bevor er als Vergolderpräparat dient. So wird er vor allem durch sorgfältiges, je nach Beschaffenheit drei- bis viermal vorgenommenes Schlämmen nach Möglichkeit von allen fremden Beimischungen gereinigt, wodurch man eine fast ganz homogene, gleichartige Masse erhält.

Der so vorbereitete Ton wird dann getrocknet und nach Art plumper Ziegelsteine in viereckige Formen gepreßt und kommt so in den Handel. Ehe er als Vergolderton verwendet werden kann, bedarf es noch einer ziemlich langen Vorbereitung. Zunächst wird er in kleine Stückchen zerklopft und in Regenwasser eingeweicht, am besten in irdenen oder emaillierten eisernen Gefäßen, und bleibt so monatelang stehen, es ist dies das sogenannte »Einsumpfen«. Verdunstetes Wasser muß wieder ersetzt werden, im übrigen aber überläßt man den Ton während des Einsumpfens ganz sich selbst, rührt also nicht darin herum. Etwaige sandige Bestandteile setzen sich dann am Boden ab, der obenstehende Ton aber wird durch das lange Stehen wesentlich fetter und feiner als zuvor.

Alsdann erhält dieser gereinigte Ton noch weitere Zusätze, Fett in wasserlöslicher Form (als Seife) oder auch als Talg, vielfach auch Wachs, Schweinefett und ähnliche Substanzen. Es kommt hierbei natürlich viel darauf an, wie die betreffende Bolusart von Natur aus beschaffen ist, da ja ein so sehr verbreitetes Material nicht überall von gleicher Art und Zusammensetzung ist und deshalb auch nicht gleichartig behandelt werden kann.

Die geringsten Zusätze erforderte der *armenische Bolus,* da dieser so fettreich war, daß auf ihm das Gold ohne weiteres festhielt; dennoch wurden auch diesem vorzüglichen Material schon frühzeitig andere Substanzen, vor allem Unschlitt, zugesetzt. Von ähnlicher Beschaffenheit ist der *französische rote Bolus,* der besonders ausgiebig, allerdings auch sehr teuer und in Deutschland selten echt zu bekommen ist. Allen deutschen Bolusarten muß Fett zugesetzt werden, damit sie die notwendige Klebkraft und die zum Polieren erforderliche Elastizität gewinnen.

In der einfachsten Weise geschieht das, indem man den Ton gut verrührt, sodann etwas in Wasser gelöste und gekochte venezianische Seife allmählich unter stetem Umrühren zusetzt, bis ein klumpenfreier, glatter Brei entsteht. Ob der Seifenzusatz ausreicht, kann, wenn man eine noch nicht verarbeitete Tonsorte zu mischen hat, nur durch Ausprobieren festgestellt werden; in der Regel genügt auf 500 Gramm Bolus ein Zusatz von 12 bis 15 Gramm fetter Seife. Hat man ihn einmal ausprobiert, so muß man sich das Verhältnis merken und kann dann später ohne Proben zubereiten.

Nach anderer Methode rührt man den Bolus ebenfalls zuerst gut glatt durch, erhitzt ihn dann und gibt dem heißen Ton Wachs, Schweinefett und Seife, von jedem gleichviel, hinzu und rührt kräftig und ziemlich lange um, damit sich die Fette innig mit dem Ton mischen.

Den so präparierten Bolus gibt man dann in ein reines Gefäß (emaillierte oder glasierte sind besser als Eisen- oder Blechgefäße), gießt Wasser darauf, bindet zu und stellt ihn an einen Ort, wo das Wasser nicht verdunstet, etwa in den Keller. *Diese Selbstpräparierung des Tones ist aber kaum noch üblich und auch nicht mehr empfehlenswert, da der fertig präparierte Ton von den einschlägigen Geschäften so billig geliefert wird, daß die mühsame Arbeit der Zurichtung sich kaum lohnt.*

Der fertig präparierte Ton, nun als Poliment zu betrachten, könnte jetzt sofort in Gebrauch genommen werden. Es ist aber besser, ihn längere Zeit mit etwas Wasser bedeckt und ziemlich luftdicht abgedeckt ruhig stehenzulassen. Auf älterem Poliment wird die Vergoldung schöner und haltbarer, auch leichter polierbar. Es ist leicht einzusehen, daß erst durch längeres Stehenlassen eine wirklich innige Vereinigung der sich ziemlich fremden Bestandteile des Poliments erfolgt.

Zum Gebrauch wird dann der nun Poliment genannte Bolus entweder mit Eiweiß – *Eipoliment* – oder mit Leim – *Leimpoliment* – versetzt. Das Eipoliment war früher fast allgemein üblich, wird aber heute nur noch wenig angewendet. Das Gold wird freilich auf Eipoliment schöner, der Glanz feuriger und tiefer, Leimpoliment aber ist einfacher in der Handhabung, auch billiger und wird darum fast ausschließlich angewandt. Es geht hier wie in so vielen ähnlichen Fällen: die alte Technik ist unbestreitbar gut und dauerhaft, aber für die moderne Arbeitsweise und die heutigen Preise zu umständlich und zu teuer. Man sucht eben in möglichst billiger und schneller Weise einen glatten und polierbaren Grund zu erhalten und rechnet nicht mehr mit einer Haltbarkeit für Jahrhunderte, wie es früher häufig üblich war.

Das Eipoliment bereitet man durch einfaches Vermischen des Poliments mit geschlagenem oder geklärtem Eiweiß; man muß dabei achtgeben, daß vom Eidotter nichts hineinkommt, da dies der Vergoldung schaden könnte (schwarze Flecken oder Streifen).

Übrigens gibt es auch verschiedene Polimente, die als Mittelstufen zwischen Ei- und Leimpoliment betrachtet werden können, so etwa das eben beschriebene Poliment, bei dessen Bereitung auch dem rohen Ton Eiweiß zugesetzt wird, später dann, zum Gebrauch, aber Leim hinzukommt. Beim gewöhnlichen Eipoliment rechnet man auf 500 Gramm präpariertes Poliment das Weiße von 30 bis 32 Hühnereiern. Sind die Eier durchweg groß, so genügen 30, sind sie klein, so nimmt man zwei mehr. Immer aber, wenn man neues Poliment verarbeitet, muß man, um sicher zu gehen, eine Probe auf die Polierbarkeit vornehmen.

Leimpoliment wird in gleicher Weise durch Zusatz von lauwarmem Leimwasser zum Poliment hergestellt. Hiervon wird später noch ausführlicher gesprochen werden, da vor dem Auftragen der eigentlichen Polimentschichten noch ein besonderer Auftrag erfolgt, der der sogenannten »Lösche«, die schon beschrieben wurde.

Das Leimen des Poliments

Das Polimentieren selbst ist eine an sich recht einfache Arbeit, die jedoch große Aufmerksamkeit und Genauigkeit erfordert. Das Poliment bildet ja die unmittelbare Unterlage für das äußerst dünne Metallblättchen; es ist demnach einleuchtend, daß alle Unsauberkeiten, Streifen, Körnchen, Anhäufungen usw. in der fertigen Vergoldung sichtbar werden. Unachtsames Polimentieren kann den besten und feinstgeschliffenen Weißgrund verderben und damit viel Arbeit und Umstände nötig machen. Hier ist also höchste Vorsicht angebracht und namentlich darauf zu sehen, daß ungeübte Arbeiter nicht an wertvolle Stücke gestellt werden. Ebenso muß größte Reinlichkeit bei der Arbeit herrschen; Pinsel, Geschirre, Hände usw., nicht zuletzt auch die Arbeitskleider müssen rein sein, wenn man sich nicht der Gefahr aussetzen will, daß die nahezu fertige Arbeit doch noch verdorben wird.

Die richtige Leimstärke des Poliments ist von entscheidender Bedeutung für den Ausfall der Arbeit. Überleimtes Poliment führt dazu, daß sich das Metall schlecht poliert, der Glanz bleibt hart, oberflächlich, es gibt leicht Sprünge und Streifen, und später, oft erst nach Jahren, auch Abblätterungen. Zuwenig geleimtes Poliment bröckelt beim Polieren aus. Die richtige Leimmenge abzuschätzen erfordert Erfahrung und ein gewisses Gefühl, das schon beim Umrühren erkennen läßt, ob das Poliment Leim genug hat oder noch nicht.

Ob das Poliment die rechte Leimstärke hat, erkennt man am besten beim Überstreichen mit der Goldnetze. Zieht diese sehr schnell in das Poliment ein und macht den vorher glatten, glänzenden Grund rauh oder körnig, so ist zuwenig Leim im Poliment. Man muß es dann entweder bis auf den Leimgrund abschleifen (mit feinem Glaspapier), oder man hilft in anderer Weise nach, indem man das Poliment noch einmal löscht (mit Leimwasser überzieht) und darauf erneut zwei- bis dreimal mit besser geleimtem Poliment nachstreicht. Sicherer und rationeller ist das Abschleifen.

Bleibt jedoch die Netze sehr lange blank stehen, so ist das ein Zeichen, daß zuviel Leim im Poliment ist. Dem ist dadurch abzuhelfen, daß man mit schwächer oder gar nicht geleimtem Poliment – Wasser-Poliment – überzieht. Geübte Vergolder brauchen diese Proben nicht; sie erkennen die Stärke des Poliments schon beim Umrühren und beim Auftragen. Dazu aber gehören Feingefühl und jahrelange Erfahrung; dem Anfänger und dem, der nur selten Polimentvergoldungen ausführt, kann nur dringend geraten werden, die oben angegebenen Erkennungsmerkmale immer gut zu beachten.

Die Farbe des Poliments, ob graues, gelbes oder rotes, ist ohne Einfluß auf die Art des Leimes.

Beim Leimen selbst kann man entweder dem dicken, aber doch gut verrührten Poliment dünnes Leimwasser zusetzen, in der Stärke etwa wie das zum Löschen dienende: 35 Gramm trockenen Leim auf 500 Gramm Wasser (1/2 Liter), oder man kann zuerst das Poliment mit reinem Wasser verdünnen und dann mit doppelt so starkem Leim binden.

Im übrigen entspricht dieses Leimen ganz dem Leimen einer Kreidefarbe oder einer sonstigen Wasserfarbe. Wenn man erst wenig zusetzt – wobei stets umgerührt wird –, wird das Poliment dick und gallertartig, genau wie Kreide oder Ocker; steigert man den Leimzusatz, so verliert sich dies, und die Mischung wird flüssig. Sie muß so sein, daß sie wie Leimfarbe vom Pinsel oder Rührholz abläuft, nicht also wie Wasser, und auch nicht in Tropfen abfällt. Das Poliment ist nun fertig zum Gebrauch. Hat man Zweifel an der Reinheit, so seiht man es noch einmal durch ein feines Haarsieb, ein Tuch oder mehrfach zusammengelegte Gaze, damit etwaige sandige Teile vorher ausgeschieden werden.

Das Auftragen des Poliments

Hierzu bedient man sich weicher Haarpinsel oder sogenannter Fischpinsel, deren Größe dem zu bearbeitenden Gegenstand angepaßt sein muß. Das Auftragen hat sauber und ganz gleichmäßig zu geschehen; man soll möglichst mit einem Strich an einer Stelle fertig werden und Hin- und Herreiben mit dem Pinsel vermeiden; Poliment ist keine Ölfarbe. Auch nehme man den Pinsel nicht zu voll, so daß er tropft und das Poliment auf dem Arbeitsstück kleine Bächlein bildet, sondern nur so viel, daß unter leichtem Druck eine gleichmäßige Menge aus dem Pinsel fließt. Übung macht auch hier den Meister.

Das Poliment wird in der Regel viermal aufgetragen; nach der älteren Methode zweimal gelbes und dann zweimal rotes Poliment. Jeder einzelne Auftrag muß natürlich, bevor man mit einem neuen beginnt, trocken sein. Heute wird die Mehrzahl der Vergoldungen nur auf grauem Poliment gemacht, mitunter auch dreimal grau und dann noch ein- oder zweimal rot polimentiert. Zum Schluß gibt man vielfach einen Auftrag mit sehr verdünntem, ganz ungeleimtem (meist rotem) Poliment, da sich dann das Gold besser polieren läßt.

Als besonders wichtig ist noch zu erwähnen, daß man *niemals die späteren Polimentaufträge stärker im Leim halten darf als die ersten;* lieber setze man bei Beginn eines neuen Auftrags dem Poliment etwas Wasser oder ungeleimtes Poliment zu. Ein zu großer Leimgehalt der letzten Aufträge würde nämlich sehr leicht ein Abblättern der oberen Schichten zur Folge haben. Die Gleichheit der Spannung aller Grundaufträge und des Poliments ist einzuhalten. Das ist Bedingung für die Haltbarkeit der ganzen Arbeit.

Damit ist das Polimentieren beendet. Man reibt das Poliment, wenn der letzte Auftrag gut trocken ist, mit einem alten, aber sauberen Haarpinsel oder einer Seidenbürste, notfalls auch mit einem weichen Baumwollappen ab, so daß ein seidenartiger Glanz entsteht; dann ist es fertig zum Aufnehmen des Blattgolds. Will man aus irgendeinem Grunde die Vergoldung nicht sofort, sondern erst nach mehreren Tagen oder Wochen vornehmen, so empfiehlt es sich, die fertig polimentierten Sachen mit weichem Seidenpapier zu überdecken, damit das Poliment nicht beschädigt werden kann. *Jede Berührung der polimentierten Flächen mit schmutzigen, fettigen Fingern ist unbedingt zu vermeiden, da durch Fett und Schmutz schwer auszubessernde Fehlstellen im Gold entstehen.*

Nach Abschluß der Fertigung des Polimentgrundes muß nun in einer Technik vergoldet werden, die den besonderen Bedingungen und Möglichkeiten zwischen diesem Untergrund und dem Material Gold entspricht (vgl. Tafel IX–XI).

Vergoldung auf Polimentgrund

Bei den Angaben über die Herstellung des Poliments wurde schon gesagt, das Poliment habe die Eigenschaft, das Gold festzuhalten und zu binden. Diese Eigenschaft besitzt es allerdings nur, solange es feucht ist. Nach dem Auftrag wird es trocken, bedarf also der Anfeuchtung.

Die Netze

Die Netze besteht entweder aus sehr dünnem Leimwasser, stark verdünntem Eiweiß oder aus einer Mischung von Spiritus bzw. reinem Branntwein mit Wasser. Die beiden erstgenannten Mittel, Leim oder Eiweiß, bewirken ein langsames Eindringen des Wassers in den Grund. Dabei dringt das Wasser nicht sehr tief ein, ein Vorteil, der sich beim Polieren auswirkt. Spiritus und Branntwein verdunsten schneller als Wasser und haben fast die gleiche Wirkung wie Leim und Eiweiß. Trotzdem werden Leim und Eiweiß auf Polimentgrund nicht mehr oft verwendet. Die zum Anfeuchten des Poliments benötigte Spiritusmischung besteht aus einem Teil Spiritus und zwei Teilen Wasser.

Es darf aber nicht der denaturierte Spiritus verwendet werden. Nimmt man statt Spiritus Branntwein, dann sind gleiche Teile Branntwein und Wasser zu mischen. Es empfiehlt sich, kein Leitungswasser, sondern destilliertes Wasser zu verwenden, um sonst leicht entstehende Kalkflecken zu vermeiden.

Der Auftrag der Netze

Die Netze trägt man mit einem sehr sauberen und weichen Haarpinsel auf das Poliment auf, doch nie mehr, als man sofort vergolden kann, immer also nur kleine Partien. Ist nämlich die Netzflüssigkeit ganz in das Poliment eingezogen und dieses nicht mehr blank von der Netze, so hält zwar das Gold oft noch, da das Poliment noch genügend Feuchtigkeit in sich enthält, um das Gold festzuhalten. Beim Polieren aber kommen dann solche trocken angeschossenen Stellen oft unangenehm zum Vorschein; das Gold wird fleckig, oft sogar schwarz.

Die Behandlung des Goldes und das Anschießen

Das Gold ist in kleinen Büchlein verpackt. Zum Vergolden nimmt man die Blätter einzeln heraus und bläst sie übereinander auf den hinteren Teil des Goldkissens, der gegen Luftzug geschützt ist. Von hier holt man ein Blatt nach dem andern mit dem Messer hervor und legt es auf den vorderen Teil des Kissens ganz glatt auf. Durch leichtes Aufblasen, Heben der Ecken mit dem Goldmesser usw. kann nachgeholfen werden. Nun schneidet man das Goldblatt mit dem Messer in entsprechend viele Stückchen, 2, 4, 8, wie man sie eben gerade für den betreffenden Gegenstand braucht, nimmt eines mit dem Anschießer auf, legt es an der Arbeit auf die vorgenetzte Stelle auf und drückt es mit einem weichen Haarpinsel, dem sogenannten Bronzier- oder Versäuberpinsel, oder auch einem Wattebausch leicht an. So wird ein Goldstückchen nach dem andern aufgelegt, bis alle zu vergoldenden Teile belegt sind. Nach dem *Anschießen* nimmt man das überschüssige Gold mit dem Versäuberpinsel ab, indem man unter leichtem Druck darüberfährt; dabei ist zu beachten, daß man so kehrt, wie die Ansatzstellen verlaufen. Man *darf nur mit dem, niemals gegen den Anschluß kehren.* Es kommt mitunter vor, daß das Gold an den Anschußstellen nicht ganz fest aufliegt; fährt man nun mit dem Versäuberpinsel von rückwärts darüber, so schließt es sich völlig an, arbeitet man aber entgegengesetzt, so kann sich das Gold lösen, und man hat dann Fehlstellen, deren Ausbesserung unangenehme Arbeit verursacht.

Als Regel für das Vergolden selbst, das heißt die Art des Goldauflegens, gilt, daß man zuerst glatte Flächen belegt und dann die Verzierungen, Schnitzereien usw. Hintergründe und tieferliegende Stellen werden zuletzt vorgenommen. Wo jedoch Schnitzereien oder erhabene Ornamente unmittelbar an größere oder kleinere glatte Flächen anstoßen, werden zuerst die vorstehenden Teile in der Nähe der Fläche angeschossen. Dadurch wird vermieden, daß man mit den zu der Fläche gehörigen Goldstückchen, die ja am Anschießer nur ganz leicht hängen, an den Ornamenten hängenbleibt und dadurch Risse im Gold oder unregelmäßige Stücke entstehen. In Tiefen nimmt man die Goldstückchen lieber zu klein als zu groß, um Spannungen und Risse möglichst zu verhüten. Hat man alles vergoldet und versäubert, so sieht man genau nach, ob auch wirklich alle Teile gut mit Gold bedeckt sind. Findet man Fehlstellen, so feuchtet man diese mit Netzspiritus an, legt Gold nach Bedarf auf und kehrt es ebenfalls mit dem Versäuberpinsel ab.

Die Vergolderwerkzeuge

Das *Vergoldekissen* ist ein Holzbrett oder ein Rahmen mit einer weichen Polsterung und einem Wildlederüberzug. An den Brettkanten ist ein Windschutz aus Wildleder angebracht. Das Kissen muß immer saubergehalten werden; es soll insbesondere nicht mit Fett in Berührung kommen. Ist es längere Zeit nicht benutzt worden, muß es unbedingt vor dem Gebrauch gereinigt werden. Dazu nimmt man den bekannten Wiener Kalk, streut eine kleine Menge auf das Kissen und reibt es mit einem trokkenen Leinenlappen ab; zuletzt bürstet man mit einem neuen, trockenen Borstenpinsel den Kalk wieder sauber weg.

Das *Vergoldemesser* ist ein beiderseits geschärftes, flaches Messer mit Holzgriff, das vorn gerundet ist. Auch das Messer ist frei von Schmutz und Fett zu halten. Roststellen entfernt man mit Wiener Kalk. Die Schneiden müssen immer in Ordnung gehalten werden; doch sollen sie nicht so scharf sein, daß das Leder des Kissens zerschnitten wird.

Der *Anschießer* besteht aus Kamelhaaren, die in Karton gefaßt sind, und hat eine modlerartige Form. Die Haare sind etwa 4 cm lang. Das Gold wird nur mit den äußersten Spitzen des Anschießers aufgenommen. Nimmt dieser das Gold nicht gut an, so genügt es meist, mit dem Anschießer über die Kopfhaare zu fahren oder auch den Handrücken mit wenig Fett, Butter oder Leinöl abzureiben und dann hier und da mit der Spitze des Anschießers über diese Stelle zu streichen. *Geübte Vergolder bedürfen übrigens in der Regel dieser Hilfsmittel nicht, sondern wissen das Gold auch ohne sie sicher aufzunehmen und anzuschießen.*

Als Auskehr- oder Versäuberpinsel sind verschiedene Arten in Gebrauch. Die Haare müssen weich und rein sein. Je nach der Größe des zu bearbeitenden Objekts wird man die Versäuberpinsel größer oder kleiner wählen.

Das Polieren des Goldes – Poliersteine

Wenn alles tadellos mit Gold abgedeckt ist, erfolgt als letzter Arbeitsgang das Polieren. Dieses ist ein sorgfältiges Glätten, ein Glattreiben des Goldes, wozu man besondere Werkzeuge, die sogenannten Poliersteine, benutzt. Das sind heute fast ausschließlich Achatstücke, die in rundlich gebogener oder stumpf abgerundeter Form geschliffen und hochfein matt geglättet sind. Die Poliersteine müssen immer in gutem Zustand gehalten und vor Beschädigung und Schmutz sowie unberufenen Händen geschützt werden. Durch längere Benutzung erhalten die Steine einen Hochglanz, der dem Polieren nicht so zuträglich ist wie der glatte, aber matte Schliff. Sie werden dann auf einem Ölstein vorsichtig abgezogen. Besser gibt man sie in eine Edelsteinschleiferei, die die geeigneten Fachleute und mehr Erfahrung besitzt.

Mit den Achatpoliersteinen reibt man das Gold, wenn die Netze völlig vertrocknet ist – was bei normaler Temperatur 2 bis 3 Stunden nach dem Anschießen der Fall sein wird –, *behutsam und vorsichtig, unter leichtem, gleichmäßigen Druck ab.* Ist der Druck ungleichmäßig, so gibt es leicht Striche im

Glanz, und das muß, besonders an ebenen Flächen, unbedingt vermieden werden. Hier poliert man deshalb auch niemals mit einem sehr spitzen Stein, sondern mit einem abgestumpften oder mit dem Rücken der hornartig gebogenen Steine. Im übrigen ist auch das Polieren in erster Linie Sache der Übung. Wer keine leichte Hand und kein gewisses Gefühl für die Feinheit der Arbeit mitbringt, der wird niemals lernen, eine saubere Politur herzustellen.

Mit dem Polieren ist die Glanzvergoldung beendet. Zeigen sich trotz aller Vorsicht im Gold noch Fehlstellen oder sind beim Polieren schwarz gewordene Stellen vorhanden, so müssen diese frisch mit Gold belegt, also genetzt, angeschossen und dann poliert werden. Ist aber das Glanzgold durchwegs fehlerhaft, so sind Ausbesserungen nicht zu empfehlen. In diesen Fällen müssen das Gold und der ganze Polimentgrund entfernt werden. Der Kreidegrund kann bleiben; man beginnt dann nochmals mit dem Auftragen der Lösche und des Poliments.

Zu bemerken ist noch, daß es sehr empfehlenswert ist – besonders für Anfänger und Unerfahrene –, vor der endgültigen Durchführung des Anschießens nur ein kleines Stückchen mit Gold zu belegen (am besten an einer wenig sichtbaren Stelle), das man abtrocknen läßt und gleich fertigpoliert. Man erkennt dann, ob das Poliment die richtige Stärke hat oder nicht, und kann gegebenenfalls noch nachhelfen, indem man entweder – wenn es sich schwer poliert – einen Anstrich mit schwach oder gar nicht geleimtem Poliment macht, oder aber, wenn sich das Gold brüchig zeigt oder durchreibt, noch einen Anstrich mit stärker geleimtem Poliment anbringt.

Herstellung von Polierweiß

Bei der Vergoldung von Figuren und Altären wird auch oft Polierweiß angewandt. Besonders in der Zeit des Nachrokoko und im Klassizismus, etwa 1780–1820, ist es sehr beliebt gewesen, Gold, Silber und Polierweiß zu kombinieren. Darum ist hier einiges über Polierweiß-Herstellung zu sagen.

Der Kreidegrund wird genauso aufgebaut wie bei der Vergoldung. Anstatt des mehrmaligen gelben und roten Bolus wird das Polierweiß aufgetragen.

Material: Zinkweiß, Kremserweiß, Titanweiß, Venezianer Seife.

Herstellung der sogenannten weißen Lösche: Leimlösung von der Stärke etwa 50 g Hasenleim auf 1 l Wasser, etwas Zinkweiß oder Kremserweiß zugeben. Dieses Pigment wird vorher etwas in Wasser eingeteigt. Man gibt der Leimlösung nur so viel Weiß zu, daß das Leimwasser nur leicht gefärbt ist. Um das Weiß etwas geschmeidiger zu machen, gibt man der Lösche auch etwas in Wasser gelöste Venezianer Seife bei.

Diese Lösche wird im Wasserbad gut (aber nicht zu heiß) erwärmt und mit Borstenpinsel auf die mit Kreidegrund präparierte Fläche aufgetragen. Beim 2. Anstrich wird der Lösche noch so viel Zinkweiß und Titanweiß zugesetzt, daß der Aufstrich deckender wird. Beim 3. Anstrich gibt man der Farbe etwas abgerahmte Milch zu. Es ist wichtig, daß jeder Anstrich kreuzweise zum vorhergehenden und mit einem weichen Pinsel ausgeführt wird. Genau wie bei dem Polimentanstrich wird auch dieses Polierweiß vor dem Aufstrich durch eine Gaze gesiebt. Staubentwicklung ist dabei unbedingt zu vermeiden.

Nach dem Trocknen des letzten Anstriches wird die weiße Fläche mit einem Leinenlappen, der mit Venezianer Seife abgerieben ist, frottiert und mit einem Achat, wie bei dem Glanzgold, zum Hochglanz gebracht.

Ähnlich wie bei dem Polierweiß wird bei farbigen Flächen verfahren. Man gibt jeweils unter Beachtung aller vorher gesagten Regeln die gewünschte Trockenfarbe zu.

Rauhe Flächen von Goldgründen, besonders Hintergründe (Renaissance-Räume), lassen strukturelle Unterschiede auftreten. Vor allem wird man bei Restaurierarbeiten darauf stoßen. Auf die Leimgrundierung wird grobkörniger oder je nach gewünschter Struktur feiner Flußsand in die Fläche gesiebt. Darauf baut man dann den Kreidegrund und die Vergoldung auf.

Kombinationstechniken: Dekorative Behandlung von Wandplatten und Schmucktafeln (Familientafeln u. ä.). Diese Techniken werden ganz auf der klassischen Vergoldertechnik aufgebaut.

Am besten eignen sich als Grund Hartplatten-Preßplatten, die in sich stabil sind. Die einzelnen Motive richten sich nach den eigenen Vorstellungen oder denen der Kunden. Der Aufbau ist wie bei einem Kreidegrund, unter Berücksichtigung, daß anschließend eine Gravierung möglich ist. Es sind Partien, die graviert und solche, die plastisch aufgetragen werden. Zunächst zeichnet man sich auf den weißen Kreidegrund das Motiv, einzelne Teile können graviert werden, wieder andere Teile werden plastisch aufgetragen. Auch hier verwendet man den normalen Kreidegrund, der bei der Bearbeitung immer im warmen/heißen Wasserbad gehalten wird und sich so flüssig auftragen läßt. Es erfordert reichlich Übung, um diese Technik voll zu beherrschen. Ist der Kreidegrund zu zäh, also nicht warm genug, so kann nicht zügig gemalt werden; wird der Kreidegrund zu stark verdünnt, meistens mit Leimnetze, bekommt man keine rechte Plastik. Übung und Erfahrung ist dabei alles. Ist die Gravur und die plastische Malerei beendet, so kann die Vergoldung beginnen. Meistens werden Gravuren und Hintergrund matt, die plastischen Ornamente aber hochglanzvergoldet und poliert. Auch hier kann man, bei einer Tafel-Aufteilung (s. Tafeln XII, XIII, Abb. 11), mit mehreren Goldsorten arbeiten, wobei man viererlei Wirkungen bekommt; z. B. Platten mit 23¾ oder 24 Karat glanz und matt = 2 Wirkungen, weiter Zitrongold, auch glanz und matt = wieder 2 Wirkungen, auf einer Arbeit also 4 Wirkungen, die bei rechtem Lichteinfall brillante Effekte ergeben.

Der Arbeitsgang: Nach der vorher geschilderten Gravier- und Auftragstechnik der Fläche mit Spiritusnetze reinigen. Dann das Ganze 2mal mit gelbem Poliment dünn überstreichen. Weiter 2mal mit farbigem Poliment (meist rot oder schwarz, auch blau) überziehen. Danach kann der Hintergrund und die Partien, welche matt Gold bleiben sollen, mit Lösche ausgeleimt werden. Nun wird die gesamte Fläche vergoldet und die Teile, welche nicht ausgeleimt wurden, danach mittels Achat auf Hochglanz poliert. So wäre eigentlich die Tafel fertig. Man kann aber noch wegen der Haltbarkeit die gesamte Fläche mit wasserhellem Zaponlack übersprühen. Die Oberfläche verändert sich im Ton nicht; bei Objekten, die stärkerer Abnutzung unterliegen, ist dieses Vorgehen empfehlenswert.

Glanzvergoldungen

Die Glanzvergoldung auf Stein, Stuck und Metall

Es kommt heute nur äußerst selten vor, daß auf Gegenständen aus Stein, auf Verputz, Stuck oder Metall eine andere als Ölvergoldung angebracht werden soll, zumal auch die Ölgoldtechnik in den letzten Jahrzehnten bedeutende Verbesserungen erfahren hat und bei geschickter Bearbeitung damit ein sehr schöner Glanz zu erzielen ist. In besonderen Fällen, zum Beispiel in Kirchen, an steinernen Kanzeln und ähnlichem, tritt aber doch mitunter an den Maler eine solche Aufgabe heran.

Früher, hauptsächlich zur Rokokozeit, wurde vielfach auf Gipsverputz, besonders auch an Stuckarbeiten, Glanzgold – immer im Gegensatz zu Mattgold – angewandt; bei der Renovierung von Gebäuden, besonders Kirchen aus dieser Zeit, ist es daher oft der Fall, daß die Vergoldung erneuert werden muß. Da ist es dann gut, wenn man die Behandlung kennt, weshalb sie auch hier nicht übergangen werden darf. Im großen Ganzen ist ja die Arbeit die gleiche wie beim Vergolden von Holz; nur die Vorarbeiten müssen anders gehandhabt werden.

Holzuntergrund wird zunächst mit ziemlich starker Leimlösung getränkt, um einen festen und nicht saugenden Grund zu schaffen. Bei Stein und Metallen muß anders vorgegangen werden, da hier der Leim nicht eindringen kann und nach Erhärtung von der Oberfläche abspringen würde.

Auf Eisen und auf porösen, nicht polierten Stein gibt man zuerst zwei Anstriche mit gewöhnlicher, nicht zu dünner Ölfarbe. Eisen muß natürlich rostfrei sein und vorher mit einer guten Rostschutzfarbe, Mennige oder Graphit, gestrichen werden. Auf den zweiten Anstrich streut man, solange er noch naß ist, feinen Vogelsand auf. Den Anstrich läßt man dann gut austrocknen, staubt die Sandteilchen, die sich nicht festgesetzt haben, ab und tränkt dann in der gleichen Weise und mit dem gleichen Leim, wie man Holz leimtränkt. Die nun folgende Behandlung ist ganz die schon früher beschriebene. Es werden also die verschiedenen Aufträge mit Kreidegrund, dann mit Poliment gegeben; zuletzt wird vergoldet und poliert.

Das Aufstreuen des feinen Sandes hat den Zweck, einen Grund zu schaffen, der gleichmäßig leicht gerauht ist und für den Kreidegrund eine geeignete Unterlage bildet. Man muß daher darauf achten, daß der Sand auch überall wirklich haften kann, daß er also überall in blanke, nasse Ölfarbe kommt.

Auf poliertem Marmor, Granit usw. nimmt man statt der Ölfarbe besser Lack, zuerst eine halbmatte Lackfarbe, dann fette, streut ebenfalls Sand und arbeitet dann in der beschriebenen Weise weiter.

Für Gipsstuck sowie für gewöhnlichen Mörtelgrund gibt es mehrere Arbeitsmethoden. Hat man die Gewißheit, daß der Grund gut ausgetrocknet und auch fest ist, so daß ein Abplatzen oder Abfallen infolge der Spannung des Kreidegrundes nicht zu befürchten ist, so kann man zuerst einen Auftrag mit schwachem Leimwasser geben. Man nehme hierzu aber höchstens 100 Gramm Leim auf 2 Liter Wasser. Mit diesem Leim tränkt man die zu vergoldenden Stellen, und zwar muß der Leim heiß aufgetragen werden. Ist alles gut trocken, gibt man einen dünnen Anstrich mit Schellack und sodann einen zweiten, ebenfalls mit Schellack, dem feingemahlener Bimsstein (Bimssteinpulver) zugesetzt ist. Auf diesem Grund beginnt man dann gleich mit dem Auftragen des Kreidegrundes, ohne vorher nochmals mit Leim zu tränken. Diese gern geübte Technik ist aber nur für Innenräume geeignet.

Erneuerung und Reinigen von Polimentglanzgold

Der Maler, der nicht lediglich Vergolder ist, wird mehr an alten Objekten die Vergoldung zu erneuern als neue Gegenstände zu behandeln haben. Namentlich bei der Renovierung von Kirchen kommt es fast regelmäßig vor, daß auch die darin befindlichen Vergoldungen an Altären, Kanzeln, an Statuen, Kreuzwegbildern usw. einer Auffrischung unterzogen werden sollen.

Die Arbeitsweise richtet sich hierbei in erster Linie nach dem Zustand der Erhaltung. Ist besonders das Glanzgold noch gut erhalten, so genügt in vielen Fällen nach vorausgegangenem Abstauben ein gründliches Abreiben mit frischem, weichem Brot, das zumeist den angesetzten Schmutz, Fliegenspuren usw. wegnimmt. Auch das Abreiben mit der inneren Fläche einer durchschnittenen Zwiebel hilft häufig. Ein anderes, gutes und sicheres Mittel ist folgendes:

Die ganze Vergoldung wird zuerst gründlich abgestaubt; man nimmt die als Netze bekannte Mischung, gleiche Teile Spiritus und Wasser, und überstreicht damit das ganze Gold mit einem weichen Pinsel. Dann läßt man trocknen und reibt mit einem weichen Leder oder mit Brot nach.

Geht mit einem Mal der Schmutz nicht genügend weg, so wiederholt man dasselbe Verfahren eventuell noch ein zweites Mal. Das Gold leidet darunter nicht. Wenn die Polimentschicht noch gut und elastisch ist, kann der Glanz sogar frisch aufpoliert werden. Das Verfahren darf aber nur auf echter Vergoldung angewandt werden, denn auf unechtem Metall frißt sich der Schmutz, namentlich die Fliegenspuren, durch den schützenden Lack hindurch, so daß das Metall zum Oxidieren kommt.

Sind größere Beschädigungen am Glanz vorhanden, ist etwa durch zu gewaltsames Reinigen das Gold durchgerieben, so daß der Polimentgrund hervorsieht, so läßt sich mit Abreiben und Ausbessern nichts mehr erreichen. Dann muß das Gold heruntergeschabt werden und ebenso das Poliment, bis wenigstens an den meisten Stellen der Kreidegrund freiliegt. Dieser wird sauber abgekehrt, mit feinem Schwamm und lauwarmem Wasser behutsam, aber überall gut abgewaschen und darauf, nach dem Trocknen, mit heißem Leimwasser überstrichen, also gelöscht!

Man beachte besonders beim Abwaschen, daß der Kreidegrund nicht beschädigt, nicht aufgeweicht wird. Das Waschen muß also möglichst schnell geschehen, und der Schwamm darf nicht zu naß gemacht werden. Wenn die Leimlösche gut getrocknet ist, trägt man in der gewohnten Weise die nötigen Polimentlagen auf, schießt das Gold an und poliert.

Wesentlich mehr Arbeit macht es, wenn die alten vergoldeten Aufträge ganz herunterkommen, vielleicht auch im Holz schadhaft sind, oder wenn sich im Kreidegrund Lücken, Schälungen oder Risse zeigen. Dann muß alles bis auf das rohe Holz heruntergenommen werden. Löst sich der alte Grund oder blättert er ab, so kann dies auf trockenem Wege geschehen, durch Abkratzen mit passenden Messern, Schabeisen usw.; dann wird nur zuletzt mit warmem Wasser der noch anhaftende Staub abgewaschen. Anschließend muß dann das Holz wieder gründlich austrocknen, aber nicht in der Nähe eines Ofens oder in direkter Sonnenhitze, sondern nur im Schatten, sonst gibt es leicht Sprünge und Verwerfungen.

Sind im Holz Spuren von Wurmfraß, so sind diese Teile mit der Injektionsspritze und einem insektiziden Mittel zu behandeln (Xylamon). Ist das Holz gut getrocknet, so hat man die Wahl zwischen zwei Verfahren. Nach dem älteren wird es kochendheiß leimgetränkt und dann wie üblich mit Kreidegrund begonnen. Nach dem neueren, das heute vielfach angewendet wird und den Vorzug hat, daß die sogenannten Salzflecken (Saliterflekken) ausbleiben, die oft an renovierten alten Gegenständen zum Vorschein kommen, wird das betreffende Stück mehrmals mit mäßig starker Schellacklösung überstrichen, bis überall ein voller, gleichmäßiger Glanz vorhanden ist. Hierauf erfolgen dann die Kreidegrundaufträge, zuerst tupfend (mit schwarzem Steingrund) ein- oder zweimal, dann mit Weißgrund; anreiben, so oft als eben nötig ist, dann einmal flüssig grundieren, schleifen, polimentieren, vergolden und polieren in der bereits bekannten Weise.

Selbstverständlich werden nur jene Teile polimentiert, die auf Branntwein vergoldet werden. Soll, was in der Regel der Fall ist, das Mattgold auf Öl gemacht werden, so werden die hierfür bestimmten Teile nur soweit mit Kreidegrund behandelt, als nötig ist, um sie schleifen zu können, damit sie wieder die richtige Form bekommen. Ist daher die Schnitz-, Bildhauer- oder Tischlerarbeit des betreffenden Stückes derart, daß ohne Kreidegrund eine ebene Fläche vorhanden ist, so spart man sich diesen Grund, legt also gleich auf den Schellack mit Mixtion oder auch mit geleimter Spiritusnetze an und vergoldet darauf. Bedarf aber das Holz der Nacharbeit, so wird der Kreidegrund soweit als nötig aufgetragen, dann geschliffen, mit Schellack überzogen und hierauf gleich die Ölvergoldung angebracht.

Die unechte Glanzvergoldung

Der hohe Preis des Goldes hat von jeher schon nahegelegt, mit Surrogaten zu arbeiten, um so billiger blendende Effekte zu erreichen. Es hat sich dabei eine Technik herausgebildet, die in der Imitation echten Goldes wirklich viel zu leisten vermag. So werden die meisten Goldleisten, deren Herstellung in einem späteren Abschnitt behandelt wird – die geringeren Qualitäten alle –, statt mit echtem Gold mit Silber belegt, poliert und dann durch mehrmaliges Überstreichen mit gefärbten Lacken goldähnlich gemacht. Auch an vielen Gebrauchsgegenständen ist dieses Verfahren üblich. Es sind aber immer noch die besseren Sachen, an denen es zur Anwendung kommt; denn für die geringeren ist der Kreide- und Polimentgrund viel zu umständlich und deshalb zu teuer.

Die Arbeitsweise ist die gleiche wie beim Polimentglanzgold. Das Poliment wird nur etwas stärker im Leim gehalten, da das Silber dicker als das Gold ist und deshalb ein stärkeres Klebemittel erfordert. Silber wird im übrigen genau wie Gold mittels Spiritusnetze angeschossen, nach dem Trocknen poliert und darauf drei-, vier-, selbst fünfmal mit sogenanntem Goldlack – jedesmal sehr dünn – überzogen.

Die *Goldlacke,* die heute jede Lackfabrik fertig liefert, sind fast ausschließlich Spiritus- oder Zelluloselacke, also Lösungen von Schellack oder Zelluloid, Zellon, Zellit oder dergleichen, und mit einem löslichen Färbemittel versetzt. Der Lack soll jedoch nur schwach gefärbt sein.

Durch einmaliges, dickes Auftragen verliert sowohl die Farbe an Transparenz als auch der Metallglanz an Tiefe, und genauso würden Glanz und Farbe leiden, wenn man auf poliertem Silber mit einem Auftrag einen Goldton herstellen wollte. Es ist auch sehr schwierig, namentlich an profilierten Stäben usw., mit einem dicken, also stark färbenden Lack einen gleichmäßig gefärbten Überzug zu erreichen. In den Tiefen, z. B. den Ecken der Profile, wird sich stets mehr Lack absetzen als an den höheren Teilen der Gliederung, und das darf unter keinen Umständen vorkommen. Man halte also den Lack lieber zu schwach in der Farbe als zu stark und lackiere lieber einmal öfter; der Erfolg lohnt die geringe Mehrarbeit. Man lackiert mit weichen Haarpinseln, deren Größe den Maßen des betreffenden Gegenstandes angepaßt sein muß, nehme den Pinsel nicht zu voll, fange nicht mit frischgefülltem Pinsel in einer Ecke, sondern an einer freien Stelle an und lackiere soviel wie möglich in langen Zügen und so, daß mit möglichst wenig Strichen ein Teil für sich fertig wird. Der Lack trocknet schnell, daher keine Absätze an einer Gliederung oder einer größeren Fläche antrocknen lassen, sonst entstehen Ansätze, die sich nicht entfernen lassen. *Saubere Pinsel, saubere Geschirre, Hände und Arbeitskleider sind Voraussetzung für das Gelingen der Arbeit.*

Der Raum, in dem lackiert wird, soll staubfrei und gut temperiert sein; am besten lackiert man bei 20 bis 22 Grad Celsius, da sich dann der Lack leicht verarbeitet, schön verläuft und gleichmäßig auftrocknet.

Die käuflichen Goldlacke darf man nicht unversucht zum Lackieren von Glanzsilber benutzen, denn die meisten sind zu stark gefärbt. Man versucht sie deshalb vorsichtshalber an einem Probestück und verdünnt sie dann nach Bedarf mit Spiritus oder farblosem Metallack. Der Spiritus muß von bester Qualität, möglichst hochprozentig und nicht denaturiert sein. Wenn an einem Arbeitsstück neben dem Glanzgold auch Mattgold vorkommt, was ja sehr häufig der Fall ist, wird der letzte Lackauftrag erst nach völliger Beendigung der Mattgoldarbeiten gegeben. (Über Mattgold, auch unechtes, siehe die nächsten Abschnitte.)

In anderer Weise stellt man unechte Glanzvergoldung her durch Anschießen von Metallgold, das dann poliert wird und, da es sonst oxidieren würde, ebenfalls mit Metallack, aber farblosem, überzogen wird. Hierzu kann sowohl der aus gebleichtem Schellack hergestellte Spirituslack als auch Nitrozelluloselack genommen werden. Beide Lacke müssen drei- bis viermal aufgetragen werden. Zelluloselack darf nur in gut warmen Räumen, am besten bei 20 bis 25 Grad, verarbeitet werden, da er sonst leicht abspringt.

Glanzsilber auf Polimentgrund wird in der gleichen Weise hergestellt wie Glanzgold. Die Frage, ob rotes, weißes oder graues Poliment verwendet wird, ist von der beabsichtigten Wirkung abhängig. Im übrigen sind die Arbeitsgänge dieselben wie bei der Glanzvergoldung. Silber muß aber auch drei- bis viermal mit farblosem Lack überzogen werden, da es sonst oxidieren und braun bis schwarzfleckig werden würde.

Vor dem Überzug mit Lack soll die Silberfläche mit einem verdünnten Zaponlack *leicht* übersprüht werden, damit der Lack nicht mit dem Silber in Berührung kommt.

Die Ölvergoldung

Wie schon der Name Ölvergoldung erkennen läßt, wird bei dieser Arbeitsweise ein Öl als Bindemittel für das aufzulegende Goldblatt benützt. Selbstverständlich kann dafür nur ein Öl in Betracht kommen, das die Eigenschaft hat, zu trocknen, also Leinöl.

Vergleicht man die Ölvergoldung mit der Polimentvergoldung, so findet man, daß beiden gewisse Vorteile, aber auch gewisse Nachteile eigen sind. Die Polimentvergoldung hat für sich, daß mit ihr durch das Polieren größerer Glanz und deshalb blendendere Wirkung zu erzielen sind; sie kommt dem massiven polierten Gold am nächsten. Dagegen steht sie in bezug auf Strapazierbarkeit dem Ölgold weit nach. *Im Freien kann Polimentgold niemals angewandt werden,* da der ganze Untergrund in Wasser löslich und, selbst wenn das Gold durch Überziehen mit Spirituslack geschützt ist, im Regen und Wetter bald zerstört sein würde. Eine richtig ausgeführte Ölvergoldung hält dagegen im Freien 20 bis 30 Jahre, unter günstigen Umständen noch länger. *Polieren kann man Ölvergoldung nicht;* dazu ist der Grund nicht elastisch genug; es ist deshalb auch nicht möglich, mit Ölgold jenen Glanz und jene Glätte eines guten Polimentglanzgoldes zu erreichen. Selbst die beste Ölvergoldung wirkt, wenn sie unmittelbar neben Polimentglanz steht, matt, und aus diesem Grunde wird sie heute selbst von Berufsvergoldern fast ausschließlich zur Herstellung von Mattgold verwendet.

Von größter Wichtigkeit aber ist die Ölvergoldung infolge ihrer einfachen und vielseitigen Anwendbarkeit für den Maler. Für die Wirkung der Vergoldung sind außer der Qualität des Anlegeöls noch verschiedene Umstände entscheidend.

Eine saubere und schön glänzende Vergoldung ist nur denkbar auf sehr glattem Grund; wir haben gesehen, welche Sorgfalt bei der Polimentvergoldung auf das Schleifen des Grundes verwandt werden muß und wie schließlich Hochglanz und feinste Glättung erst durch das Bearbeiten mit dem Polierstein erreicht werden. *Das Polieren ist bei der Ölvergoldung ausgeschlossen.* Deshalb muß der Grund so glatt und fein wie möglich hergestellt werden. Je glatter und härter der Grund, desto höher wird der Glanz des Goldes. Saubere Pinsel, saubere Gefäße, reine Hände und Arbeitskleider, ein staubfreier Raum zum Arbeiten, alles das gehört zusammen, wenn man eine saubere, schön glänzende Ölvergoldung erreichen will. Was die Haltbarkeit anbelangt, so ist verständlich, daß nur mit gutem Gold auch eine solide Vergoldung gemacht werden kann. Für innere, nicht sehr der Abnützung ausgesetzte Objekte, an Decken zum Beispiel, ist ja das gewöhnliche Gold gut, vorausgesetzt, daß es reines Gold ist. Für strapazierte Sachen und für Außenarbeiten ist dagegen die Verwendung von stärkerem Gold, sogenanntem Doppelgold, zu empfehlen. Wenn man längere Zeit für die Haltbarkeit garantieren muß, ist unbedingt Doppelgold – 24 Karat oder Platora – zu nehmen, da nur dieses der Witterung standhält.

Ebenso wichtig, ja unter Umständen noch viel wichtiger als die Verwendung besten Goldes ist aber die zweckentsprechende Vorbehandlung des Untergrunds. Wurde nicht sorgfältig gearbeitet, so helfen das beste Anlegeöl und das teuerste Gold nichts – die Vergoldung geht in kürzerer oder längerer Zeit zugrunde. Wird, um nur ein Beispiel anzuführen, auf angerostetes Eisen ein guter Ölfarbanstrich gebracht, auf diesen Mixtion angelegt und vergoldet, so wird der Rost bald seine Kraft zeigen, sich durch die Farbschicht durcharbeiten und natürlich auch die Goldauflage zerstören. Näheres über die Behandlung des Untergrundes in den folgenden Abschnitten. Es ist anzuraten, sich genau an die hier empfohlenen, in der Praxis bewährten Methoden zu halten.

Material und Arbeitsgang

Das Anlegeöl

Dies ist ein meist zäh dickflüssiges, schnell antrocknendes, aber langsam klebfrei auftrocknendes Öl. Die nachstehende Herstellungsangabe zeigt am besten, was Mixtion, wie das Anlegeöl allgemein genannt wird, darstellt.

Man kocht 300 Gramm möglichst abgelagertes Leinöl bester Qualität mit 20 Gramm Bleiglätte so lange, bis das Öl dick wird, d.h. etwa 4 bis 5 Stunden. Dann läßt man es auskühlen, verdünnt das Öl mit Terpentinöl, bis es streichfertig ist, und läßt es noch mehrere Monate lagern.

Die Selbstherstellung von Mixtion lohnt sich heute nicht mehr, da man es von jeder Lackfabrik preisgünstig und in guter Qualität beziehen kann.

Bezeichnend für das Goldgrundöl ist die Eigenschaft, trotz schnellen Trocknens lange Zeit klebrig zu bleiben und damit die Fähigkeit zu behalten, das Gold festzuhalten. Anlegeöl auf guter Anlage soll 12 Stunden nach dem Auftragen – bei normaler Wärme – vergoldet werden können. Die Anlage soll so trocken sein, daß das Goldblatt nicht mehr in den Goldgrund einsinkt. Gutes Anlegeöl soll aber auch nach 36, im Winter nach 48 Stunden noch das Gold annehmen und festhalten. Diese Eigenschaften werden durch das lange Kochen sowie den früher oft üblichen Zusatz von Harz, Zwiebeln, Knoblauch usw. erzielt. Im Handel ist das Anlegeöl »LEFRANC«; 12 Stunden Trockenzeit für normale Arbeiten und 3 Stunden Trockenzeit für eilige Arbeiten.

Der Anstrich

Jede Ölvergoldung verlangt einen völlig dichten, saugfreien Grund. Dieser wird mit Hilfe von Ölfarbenaufträgen oder auch auf Ölfarbengrund aufzutragender Lackierung hergestellt. Auch auf Nitrozelluloselackierungen können Vergoldungen ausgeführt werden. Die Anstriche müssen nicht nur trokken, sondern auch gut hart durchgetrocknet sein.

Die Mixtionanlage

Das Mixtion wird mit etwas hellem Ocker (Tubenölfarbe), der in Leinöl ganz fein gerieben sein muß, gemischt und dann möglichst unverdünnt, aber auch in möglichst dünner Schicht auf den entsprechend vorgearbeiteten Grund aufgetragen. Das Mixtion ist ziemlich zäh. Man nimmt deshalb für größere Flächen zum Auftragen Pinsel aus steifen Borsten von entsprechender Größe, weil sich das Mixtion mit Haarpinseln nur schwer dünn genug auftragen läßt. Wo sich Haarpinsel nicht vermeiden lassen, bei Schriften usw., muß mit größter Vorsicht gearbeitet werden. Man kann zwar allzu dikkes Mixtion mit Terpentinöl verdünnen, doch ist dies nur mit Vorsicht anzuwenden, denn sehr leicht macht man es zu dünn, Mixtion soll aber dicklich und zäh sein und nach dem Auftrocknen einen hochglänzenden Überzug ergeben. Je höher und glatter sein Glanz, desto höher auch der Goldglanz!

Chromgelb, Bleiweiß und Mennige sollten nicht als Zusatz zum Mixtion genommen werden, weil diese Farben bleihaltig sind und infolgedessen, namentlich bei sehr dünn geschlagenem Gold, eine Beschädigung – ein Fleckigwerden – des Goldes eintreten könnte. Näheres hierüber ist in dem Kapitel über die Ursachen der Zerstörung des Goldes angeführt.

Man nehme deshalb nur schönen, hellen Ocker, am besten aus Tuben, nach Bedarf etwas mit einigem Zinkweiß vermischt. Der Ockerzusatz soll nicht zu groß sein. Das Mixtion soll keine deckende Farbe werden, sondern nur etwas gelb gefärbt sein, hauptsächlich, um zu erkennen, wie weit man die Fläche mit Mixtion angelegt hat.

Der Mixtionanstrich muß nun so lange stehen, bis er fast trocken ist; durch leichtes Berühren mit der Rückseit-e des kleinen Fingers erkennt man den Grad der Trockenheit am sichersten.

Beim Darüberfahren darf sich kein erhebliches Kleben zeigen; es muß ein leichtes Knirschen hörbar sein. Zu empfehlen ist, nicht mehr Mixtion zurechtzumachen, als zu dem betreffenden Stück gebraucht wird. Ganz genau wird sich das ja nicht immer abmessen lassen – aber doch annähernd –, so daß nicht größere Mengen gefärbten Mixtions übrigbleiben. Das gefärbte Mixtion darf nicht in die Standflasche zurückgegossen werden. Es aufzubewahren hat nur dann einen Zweck, wenn häufig Vergoldungen auszuführen sind und ein Eintrocknen des Restes ausgeschlossen ist. Sind nur sehr selten Vergoldungen auszuführen, gießt man das Mixtion viel besser in irgendeine Ölfarbe und verwendet es so im Anstrich.

Das Goldanschießen

Ist der richtige Zeitpunkt zur Vergoldung da, dann legt man das Blattgold an. Das Anschießen ist genauso zu handhaben wie bei der Polimentvergoldung. Es ist darüber hinaus kaum mehr zu sagen; nur der richtige Zeitpunkt des Goldanschießens muß abgewartet werden. Ist der Mixtiongrund noch zu frisch und man schießt trotzdem an, so sinkt das dünne Goldblatt in den Grund ein, es »ersäuft«, wie der Fachmann sagt. Eine solche Vergoldung ist stumpf und glanzlos, sie wird meist auch noch runzelig und fleckig. Runzeln stellen sich besonders dann ein, wenn die Mixtionanlage etwas kräftiger war.

Das zur Verwendung kommende Gold wird je nach Bedarf auf dem Kissen passend zugeschnitten und mit dem Anschießer auf die Fläche aufgelegt. Man drückt mit weichem Haarpinsel oder einem Wattebausch leicht an und fährt so fort, bis alles mit Gold bedeckt ist. Hierauf reibt man leicht mit Watte oder einem Versäuberpinsel ab, bessert noch etwaige Lücken aus und läßt dann die Arbeit bis zum nächsten Tage stehen. Die jetzt unter dem Gold liegende Anlageölschicht ist in dieser Zeit festgetrocknet, und das auf ihr haftende Gold erträgt schon derberes Abreiben. Man kann daher ruhig so darüberreiben, als wolle man es polieren, zweckmäßig zuerst mit Watte, dann mit dem Versäuberpinsel.

Durch diese Behandlung werden alle anhängenden Goldteilchen entfernt. Von den abgekehrten Goldteilchen fängt man soviel wie möglich wieder auf, damit das Gold nicht verlorengeht. Bei größeren Vergoldungen, zum Beispiel an Decken und Wänden, ist das durch Darunterhalten einer Tüte möglich. Bei kleineren Sachen stellt man den abzukehrenden Gegenstand gleich auf einen sauberen Karton oder auf ein Stück Zeichenpapier. Angesammelte Goldteilchen tauscht die Blattgoldschlägerei um.

Ölvergoldungen auf verschiedenen Untergründen

Die Vergoldung auf Eisen (vgl. Abb. 23–28)

Sie kommt sehr häufig vor und an den verschiedensten Objekten, an schmiede- oder gußeisernen Gittern, Grabmälern, Treppengeländern, Firmenschildern und deren Umrahmungen usw. In allen Fällen ist das Eisen zu säubern und vom Rost zu befreien. Diesen entfernt man am sichersten durch Abreiben mit Petroleum und gleichzeitiges Bearbeiten mit scharfen Stahldrahtbürsten. Ein sicheres Mittel ist, die Roststellen mit sog. »Rostumwandlern« zu behandeln, die im Fachhandel zu bekommen sind. Es folgen nun die entsprechenden Anstriche – zuerst für Rostschutz entweder ein Graphit-Ölfarbanstrich oder Mennigegrund mit Bleiweiß. Darauf folgen die anderen Anstriche in der gewünschten Farbe. Wird der Gegenstand lackiert, so macht man ihn ganz im Anstrich fertig, lackiert, läßt gut trocknen und bringt dann die Mixtionanlage und darauf die Vergoldung an.

Zusammenfassend ist zu den Arbeitsgängen zu sagen: Die technischen Vorgänge bei der Ausführung von Vergoldungen von Eisen sind für innen und außen im wesentlichen gleich. Das Entfernen von Rost, die Vorbereitung für die Aufnahme des Goldes unterscheiden sich wenig, nur daß man dem Eisen bei Außenvergoldungen einen weiteren Grundanstrich gibt, hochkarätiges Gold verwendet und statt des losen Goldes Transfergold benutzt, das auf Seidenpapier aufgezogen ist und deshalb nicht vom Luftzug fortgetrieben werden kann. – *Ölfarbenanstrich:* Die Bleimennige darf mit dem Gold nicht in Berührung kommen. Sie muß einen Deckanstrich erhalten; evtl. folgt ein weiterer Anstrich, der als Goldgrund dient. Dieser Anstrich muß ebenfalls bleifrei sein, weil bei einer durchaus möglichen Schwärzung der Anstrichfarbe diese durch das Gold dringen kann und die Vergoldung unansehnlich macht. – Die Mixtionanlage darf nicht zu dick aufgestrichen werden, sie soll aber die Fläche gleichmäßig bedecken.

Teilvergoldung: Wird nicht lackiert, sondern nur mit Ölfarbe oder mit einer mit Lack oder Standöl versetzten Ölfarbe fertiggestrichen, so ist es besser, den letzten Anstrich erst nach dem Vergolden auszuführen. Dies ist aus dem Grunde zu empfehlen, weil Ölfarben, auch Öllackfarben, längere Zeit nachkleben und das Gold auch an anderen Stellen als den mit Mixtion angelegten festhalten. Um die dadurch nötig werdenden Ausbesserungen zu vermeiden, hilft man sich bei Eisengegenständen, besonders Gittern, in der angegebenen Weise, daß man auf den vorletzten Anstrich vergoldet und mit dem letzten Anstrich dann das Gold überall sauber beschneidet. Man hat zwar beim letzten Anstrich mehr Arbeit, doch gleicht sich dies dadurch aus, daß man beim Anlegen mit Mixtion nicht zu beschneiden braucht und auch beim Vergolden wie beim Versäubern viel ungezwungener arbeiten kann. Vor der Mixtionanlage wird die Umgebung der anzulegenden Stelle mit Talkum eingestaubt. Das verhindert ein Ankleben des Goldes an unerwünschten Stellen. Talkum läßt sich wieder gut abwaschen.

Beispiele von vergoldeten Arbeiten

19, 20 Zwei Beispiele für historisierende Ausleger, die sich – zum Teil mit neuen Zutaten – der Umgebung wirkungsvoll anpassen.

◁ *18 Schmucktafel, gestiftet für eine Blindenschule. Technik: Kreidegrund, plastische Ornamentmalerei, versilbert und oxidiert, sodann mit Zaponlack überzogen, damit der Grad der Oxidation bleibt.*
Es handelt sich um Früchte und pflanzliche Motive, die auch von Blinden ertastet werden können.

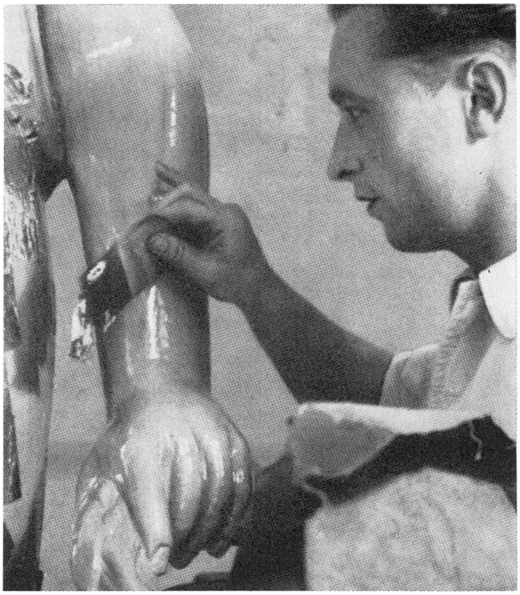

21, 22 Auf beiden Bildern ist klar sichtbar, wie mit dem Anschießer das Gold »angeschossen« wird. Eine geschickte Hand ist notwendig, um das Gold an die Mixtionanlage zu bringen.

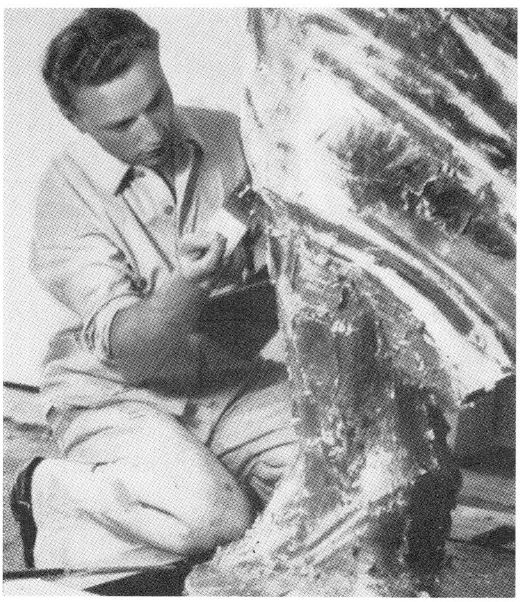

Vergoldung auf Eisen

23 △ 24 ▽

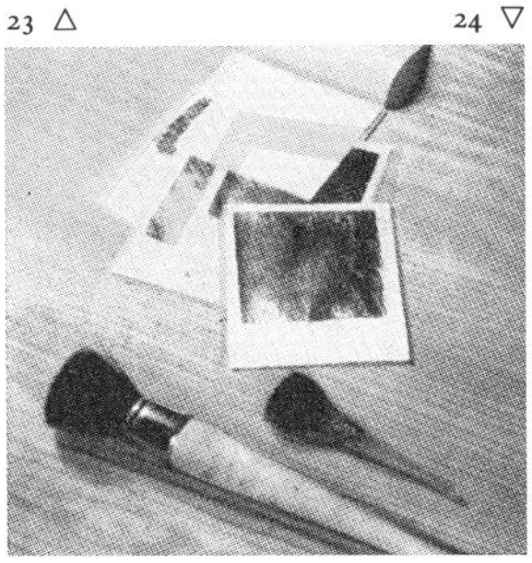

25 △ 26 ▽

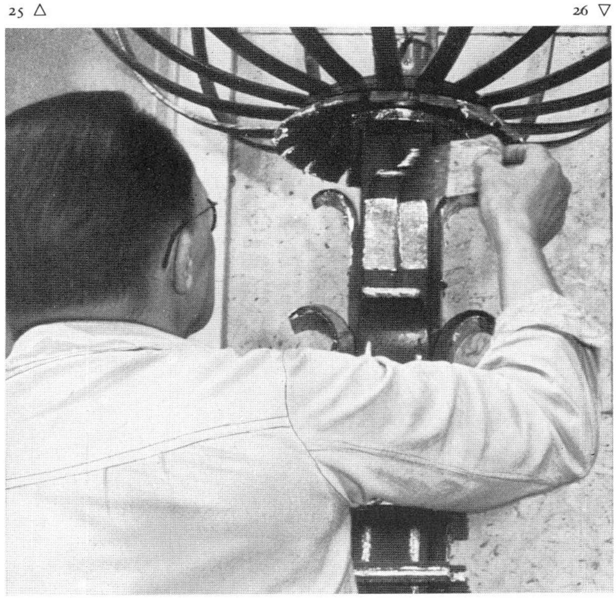

23 Ein Vergolderkissen mit einem zum Schneiden aufgelegten losen Blatt Gold, ein Vergoldermesser, ein Anschießer zum Antragen des Goldes und ein Goldblattheft.

24 Aus praktischen Gründen wird außen Transfergold, auch Sturmgold, verwendet. Die Abbildung zeigt die auf Seidenpapier aufgezogenen Goldblättchen und Abkehrpinsel (der kleinere im Doppelkiel, der größere in der Blechzwinge).

25 Das Schneiden des Goldes und bereits vergoldete Teile des Objektes (ein schmiedeeiserner Kandelaber).

26 Das Anschießen des Goldes.

27 Um an einigen Stellen weiche Übergänge zu schaffen, wird das Gold mit weichem Lappen durchgerieben.

*28 Restauriertes altes schmiedeeisernes Zifferblatt von 1591 (Turm Schloß Johannisburg, Aschaffenburg).
Dieses Objekt erforderte besondere Sorgfalt. Es wurden zuerst die alten Spuren der Originalfassung gesichert. Eine Skizze war erforderlich. Es erfolgte eine sorgfältige Restaurierung durch den Kunstschlosser, Neuvernietung und Ergänzung verlorengegangener Teile. Es war gründlichste Entrostung und Behandlung im Zinkbad nötig. In der Werkstätte erfolgte ein gut aufeinander abgestimmter Kunstharzlack-Aufbau, nach restloser Durchtrocknung Fassung und Vergoldung mit 24karätigem Ewiggold. Objekte dieser Art müssen die beste und zuverlässigste Behandlung erfahren, weil sie nur schwer zugänglich sind und eine Gerüststellung zudem noch sehr kostspielig ist. Dazu ist viel Trockenzeit und eine warme Werkstätte vonnöten. Am Gebäude selber soll man Kirchturmkugeln, Zifferblätter und wertvolle Stücke nicht bearbeiten, man ist der Willkür der Witterung ausgesetzt, und das Ergebnis ist sehr kurzlebig.*

Vergoldung plastischer Arbeiten

29 △

30 ▽

31 △

32 ▽

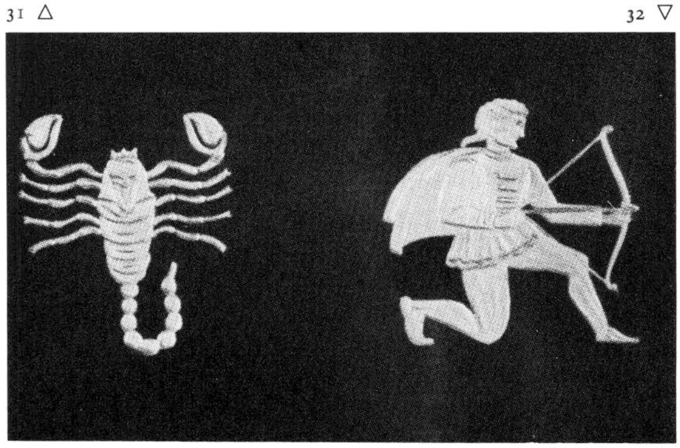

29 Eine schwarz polierte Fläche ist mit einem flachen Goldornament versehen.

30 Das gleiche Ornament ist plastisch aufgelegt und die gesamte Fläche dann vergoldet. In beiden Fällen handelt es sich um eine Ölvergoldung.

31 Mit dem Pinsel plastisch aufgetragene Formen auf einem farbig anlasierten Hintergrund. Die Formen sind ölvergoldet.

32 Plastische, ölvergoldete Monatszeichen auf schwarzem Grund.

Arbeiten in Oxidsilber

33 △ 34 △ 35 ▽

33, 34 Oxidiertes loses Silber. Blatt für Blatt liegen auf einem angefeuchteten Löschkarton. Es wird mit Schwefelammonium (Ammoniumsulfit) übersprüht. Die so behandelten Silberblätter können auf Mixtionanlage verarbeitet oder aber auch hinter Glas mit Gelatinelösung angelegt werden.

35 Ausschnitt aus der Versilberung einer Polimentarbeit, die eventuell auch noch oxidierend behandelt werden kann.

Die Vorbereitung des Kreidegrundes für Versilberungen ist die gleiche wie bei Vergoldungen. Nachdem das Silber aufgetragen und poliert ist, kann man mit Oxidation besondere Wirkungen erreichen. Neben dem vorher Gesagten (Übersprühen mit Schwefelleber der einzelnen Blätter) gibt es noch ein anderes Verfahren. Nachdem das Objekt sauber poliert wurde (dabei ist zu beachten, daß keine Fingerabdrücke auf der Fläche entstehen, die sich bei einer Oxidation als helle Flecken bemerkbar machen), kann man die Oxidation durch Räuchern im Schwefelkasten erreichen. Das geht so vor sich: Man baut sich einen Glaskasten mit einem Gestell innen, um das Objekt dort hinein abgeschlossen zu verwahren.

Der Boden soll möglichst aus Blech oder aus einer Asbestplatte bestehen. In die vier Ecken legt man je einen Deckel mit dem Schwefelstäbchen. Nach dem Entflammen dieser Schwefelstückchen bilden sich Dämpfe, die die Versilberung oxidieren. Man kann durch die Glasscheiben den Grad der Oxidation erkennen. Anfänglich ist es ein leicht goldgelber Ton. Nun holt man die Tafel heraus und übermalt die Stellen, die nur hell oxidiert sein sollen, gut mit Zaponlack, danach überläßt man die nicht abgesperrten Flächen abermals dem Schwefeldampf, bis eine weitere Stufe erreicht ist.

Abermals holt man die nun stärker anoxidierten Stellen heraus und belegt diese auch mit Zapon, dadurch wird eine weitere Dunkelung dieser Stellen verhindert. Das Oxidieren kann weitergehen bis zum tiefen Schwarzblau oder Dunkel-Rotbraun. Daß man diese Technik beobachten muß und immer dabei sein soll, ist klar. Nur zu schnell wird die Fläche veroxidiert und nicht so, wie man es will. Durch den Glaskasten kann ja alles beobachtet werden. Nach dieser Bearbeitung muß die gesamte Fläche noch einmal gut mit Zaponlack überzogen werden.

Sehr gut läßt sich für feine Versilberungsarbeiten das sogenannte Japansilber verwenden, es ist schön dünn und läßt sich für Polierungen gut verarbeiten.

Es sei noch kurz erwähnt, daß sich Vergoldungen und Versilberungen durch das farbige Poliment leicht im Ton verändern lassen. Das bekannte rote Poliment gibt eine warme Wirkung von Gold und Silber, während schwarzes und blaues Poliment das Gold und Silber kühler erscheinen läßt. Gelbes Poliment gibt eine neutrale Wirkung. Diese Momente muß man beachten, wenn an originalen kirchlichen oder musealen Stücken Ausbesserungen und Ergänzungen vorgenommen werden müssen.

36 Ausschnitt aus einer in echter Altvergoldung auf Ölgrund ausgeführten Fläche. Zur Partie hin, die den farbigen Lackgrund zeigen soll, sind die Transfer-Goldblättchen gestaucht (aufgelockert) worden.

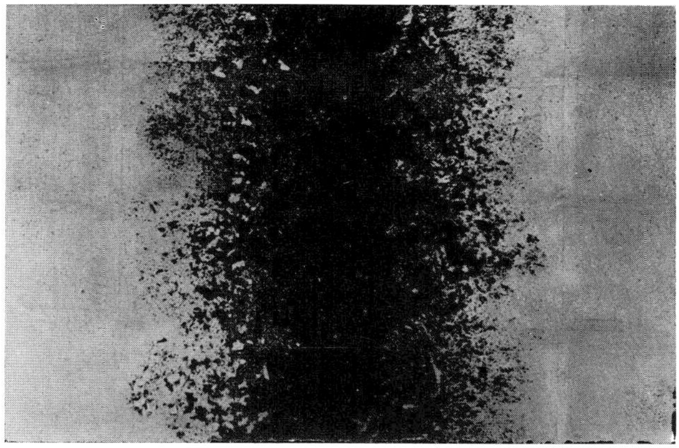

37 Ausschnitt aus einer in Altvergoldung mit Schlagmetall ausgeführten Fläche. Links die unvergoldete Partie, in der Mitte ein Streifen mit aufgelockerter Schlagmetallbelegung, rechts die geschlossene Schlagmetallfläche. Über dem Ganzen ein Reißlack, in dessen Sprunglinien in der Lackpartie Goldbronze, in den Goldpartien Farbe, eingerieben wurde.

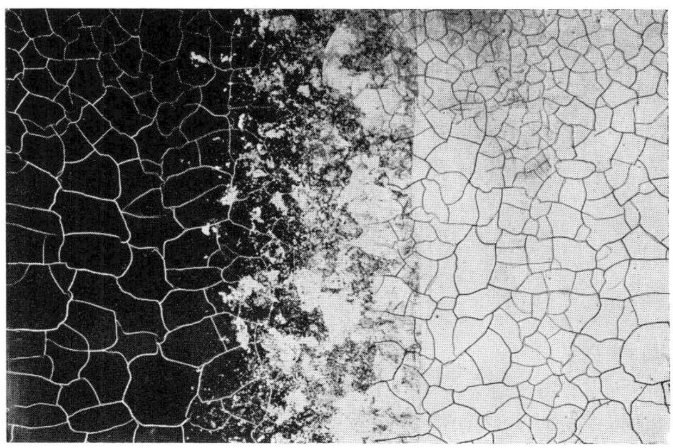

38 Ausschnitt aus einer Fläche: Auf einer Lackschlifffläche wurde mit Hilfe einer Dextrinlösung eine Rißstruktur erzeugt, in die Lackbronze eingerieben wurde. ▷

39 Die linke Seite der Tafel zeigt ein imitiertes Altgold mit schwimmender Goldbronze. Die daran anschließende Fläche ist ein Reißlack auf schwarzem Grund. ▷▷

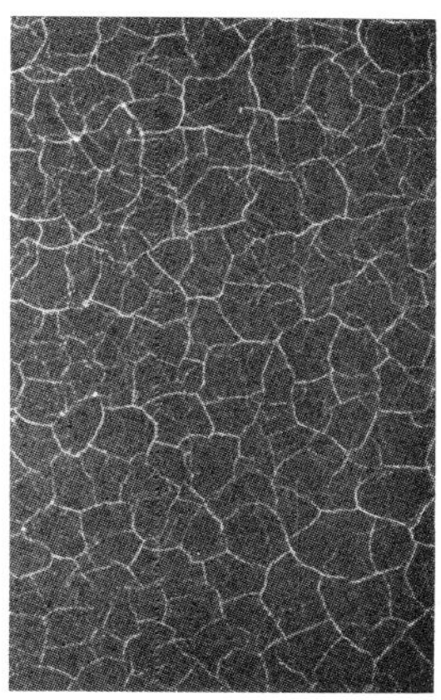

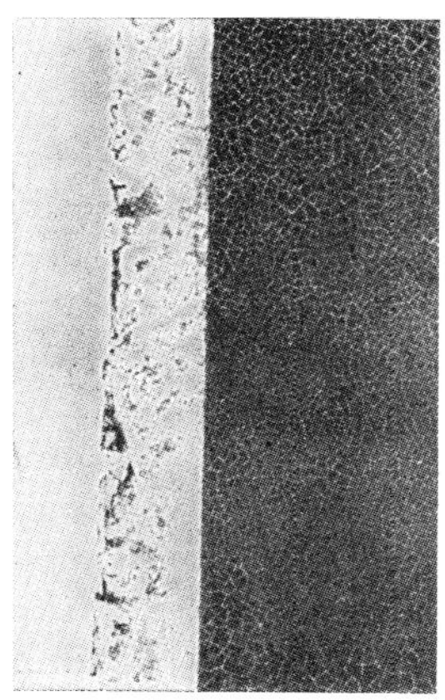

Es gibt zwar eine Anzahl Mittel, die ein Ankleben des Goldes auf anderen Stellen als den mit Mixtion angelegten verhindern (wovon in einem besonderen Abschnitt ausführlich die Rede sein wird). Doch ist deren Anwendung an Eisengegenständen, besonders an komplizierten Schmiedearbeiten, nicht vorteilhaft, und man verfährt deshalb besser nach vorstehender Methode. Eine Ausnahme machen Grabmäler aus Gußeisen, die oft mit einer erhabenen Schrift versehen sind, die natürlich in erster Linie vergoldet sein soll. Hier würde das oft sehr geringe Relief der Buchstaben beim Ausfassen des Goldes unverhältnismäßig viel Arbeit verursachen. Es ist deshalb besser, den Anstrich fertigzumachen und dann mit präpariertem Eiweiß vorzustreichen. Nach dem Trocknen legt man Mixtion an und vergoldet. Das sonst nötig werdende Abwaschen des Eiweißüberzugs kann man sich hier meist sparen, da dieser die Anstrichfarbe – gewöhnlich ja Schwarz – nicht beeinflußt und auch der Farbe an sich nicht schadet.

Bei Vergoldungen solcher Art, besonders an Gittern usw. im Freien, wo es sich zumeist um schmalere Streifen handelt, ist die Benutzung von Transfer- oder Abziehgold, auch Scherengold oder Sturmgold genannt, sehr empfehlenswert, da es, wie bereits ausgeführt, infolge besonderer Präparierung am Papier des Packbüchelchens festhaftet und daher weniger Verlust durch Wind usw. verursacht. Hat man lauter gleichartige, wenigstens gleichbreite Stücke zu vergolden, so schneidet man sich im voraus eine Anzahl Streifen zurecht, legt diese in eine mit Deckel versehene Schachtel und kann dann einen um den anderen nach Bedarf herausholen und auflegen.

Behandlung von Altvergoldungen, bes. an Kirchturmkugeln – Vergoldung auf Kupfer (vgl. Abb. 21, 22)

Die Vergoldung von Kupfer mit Ölgold erfolgt meist an Turmkuppeln oder -spitzen, Zifferblättern von Uhren, Wetterfahnen, Hähnen usw. Das Kupfer findet hierfür wegen seiner großen Dauerhaftigkeit Anwendung, und die Vergoldung dient nur zur Verschönerung. Hin und wieder kommen aber auch Innenarbeiten in Frage, z. B. Vergoldungen von kupfergetriebenen bzw. -verkleideten Bildwerken. Es ist zunächst anzustreben, dem Gold einen soliden, am Kupfer zuverlässig haftenden Grund zu geben. Nach der Reinigung des Kupfers mit Nitro-Verdünnung erfolgt ein Überzug mit dem heute erhältlichen »Haftgrund« (Wash-Primer), z. B. Herbol-Eintopf-Primer. Nach dem Trocknen, das etwa 20–25 Minuten in Anspruch nimmt, wird die Kupferfläche mit Ölfarbe überstrichen (Anstrichfarben aus Ocker, Englischrot sind zu empfehlen). Dazu gehört vor allem, daß das Kupfer blankgescheuert, von allem Schmutz, Fett usw. gesäubert ist, bevor mit dem ersten Anstrich begonnen wird. Es darf nicht auf oxidiertem Kupfer gestrichen werden. Unsaubere Flächengründe können das Aussehen des Goldes erheblich beeinflussen. Es zeigen sich bald fleckige Stellen. Alte Kupferkugeln sollten immer erst gründlich abgelaugt werden. Dabei ist aber zu beachten, daß die Laugenreste vollständig beseitigt werden. Diese setzen sich gerne in den Börtelungen des mittleren Kugelkranzes fest. Erst gründlich mit Wasser nachwaschen, dann diese Stellen mit Wasserstoff neutralisieren und wieder sehr sorgfältig nachwaschen; die Kugel so stellen, daß das Wasser aus eventuellen Börtel-Vertiefungen auslaufen kann. Wenn dies geschehen ist, beginnt das Säubern der Oberfläche. Zur Reinigung können die üblichen Metallputzmittel verwendet werden, auch Schmirgelleinen, feiner Sand oder Schachtelhalm. Eine leichte Aufrauhung der Oberfläche wird vom Anstrich wieder ausgeglichen. Die Vergolderarbeit kann folgendermaßen aufgebaut werden:

1. *Grundieren:* Die Oberfläche wird mit Leinölfirnis eingerieben und mit feinem Ölschleifpapier kreisförmig eingeschliffen, um einen aufgerauhten Grund zu schaffen, der für die folgenden Arbeitsgänge vorteilhaft ist.

2. *Ölfarbenanstriche:* Nach dem Vorbereiten mit Leinölfirnis folgen zwei Ölfarbenanstriche, bestehend aus Ocker, Englischrot oder Umbra mit Zinkweiß. Bleifarben dürfen auf keinen Fall Verwendung finden.

3. *Die Mixtionanlage:* Nach Durchtrocknung der Anstriche wird das Anlegeöl dünn und gleichmäßig aufgestrichen.

4. *Die Vergoldung:* Die Trockengradprobe der Mixtionanlage erfolgt mit der Fingerspitze. Ist ein knarrender, pfeifender Ton hörbar, so kann vergoldet werden. Vergoldet wird außen mit Transfer- oder mit Sturmgold, innen mit einfachem Gold. Nach Fertigstellung ist mit dem Einkehrpinsel das überschüssige Gold abzukehren (vgl. Abb. 58 bis 60).

5. *Das Polieren der Vergoldung:* Ist das Gold

durchgetrocknet, so wird es mit Augenwatte poliert.

Vergoldung auf Zink

Das rohe Zink wird zuerst gesäubert, dann mit dünner Salzsäure (auf 1 Teil Säure 4 bis 5 Teile Wasser) abgebürstet, nachgespült und nach dem Abtrocknen mit dicker Ölfarbe dünn grundiert. Die Farbe besteht aus in Firnis dick geriebenem Zinkweiß und ebensolchem Ocker, feinstem Hellocker, von beiden gleichviel, so daß ein hellgelber Ton entsteht. Wie bei der Kupferfläche, so kann auch die Zinkfläche mit einem Haftgrund versehen werden, der dann den Ölfarbenanstrich trägt. Ist es bei der Arbeit sehr heiß, sind z. B. die Gegenstände direkter Sonnenhitze ausgesetzt, so kann man auch zuerst einmal sehr dünn mit reinem Leinölfirnis streichen und hierauf die genannte Farbe folgen lassen. Nach gutem Trocknen legt man, wie bei Kupfer, zweimal mit Mixtion an und vergoldet, wenn es Zeit dazu ist.

Vergoldungen auf Zink – wie auch auf Messing – und Leichtmetall erfolgen wie die Vergoldungen auf Kupfer. Bei Zinkblech und Leichtmetall kann an Stelle des Einschleifens von Leinölfirnis eine Grundierung mit Wash-Primer vorgenommen werden, der dann zwei Ölfarbenanstriche folgen.

Hier gilt wieder, daß bei Außenvergoldungen nur bestes Gold, und zwar 24karätiges Doppelgold (Turm-, Ewiggold) oder Platora verwendet wird.

Vergoldung auf Stein, Marmor, an Fassaden usw. (vgl. Abb. 17)

Hierher gehört besonders das Vergolden von steinmetzmäßiger Schrift an Grab- und Gedenksteinen. Bei rohen, unpolierten Gesteinsarten handelt es sich vor allem darum, auf dem porösen Material einen festen Grund für das Anlegeöl zu schaffen. Bei Metallen und auch bei polierten harten Steinen ist dieser feste Grund an sich schon gegeben, bei den rohen Steinen aber würde das ohne Grundierung aufgetragene Mixtion einsinken und nebenher unsaubere Ränder, die bekannten Ölränder, verursachen. Man bringt daher zuerst eine Schellacklasur an. Diese trocknet schnell, so daß man fast unmittelbar darauf den zweiten Anstrich anbringen kann mit Farbe aus Zinkweiß mit Ockerzusatz, in Firnis gerieben, mit halb Firnis und halb Terpentinöl verdünnt und mit etwas Lack vermischt. Wenn alles gut trocken ist, legt man mit Mixtion an und vergoldet.

Bei Arbeiten, die nur kleine Stückchen Gold erfordern, schneidet man das Gold nicht besonders auf dem Kissen; es ist auch zu umständlich, mehrere Blätter ins Kissen zu blasen und eines nach dem anderen vorzuholen. Man arbeitet vielmehr weit schneller und bei einiger Übung mit dem gleichen Erfolg, wenn man das Büchlein etwas aufschlägt, dicht an die Schrift hält und mit einem weichen Haarpinsel, dem sogenannten Antupfer, vom Blättchen ein Stück in der gewünschten Größe abreißt und auflegt. Ist alles mit Gold bedeckt, drückt man es an und reibt am folgenden Tag nach, um alles Überflüssige zu beseitigen. Dann nimmt man ein Stück Sepia, schleift es auf einer Seite glatt zu und *überreibt damit die Steinfläche.* Es werden dadurch alle über die Schriftkanten auf die Fläche hinausgekommenen Pinselstriche und Kleckse, kurz alle Unsauberkeiten entfernt, und die Schrift steht scharf und exakt da. Aus diesem Grunde braucht man auch beim Anlegen der Schrift mit der Zinkweißfarbe und Ocker und dem Mixtion nicht scharf zu beschneiden.

Sind die Steine nicht porös, zum Beispiel neue, frisch polierte Marmorsteine, so kann das Vorstreichen mit Spirituslack wegfallen. Man legt dann lediglich zweimal mit Mixtion und Ocker an und vergoldet darauf.

Hat man sehr poröse und schon ausgewitterte Steine, so ist zu empfehlen, entweder den ganzen Stein einmal mit gebleichtem Leinöl zu tränken und darauf mit Mixtion weiterzuarbeiten, oder nach gründlicher Reinigung des Steins die ganze Schriftseite mit ziemlich dicker Zinkweißölfarbe und Okker, halbfett gehalten, zweimal zu streichen. Doch darf man hierbei die eingehauene Schrift nicht verschmieren, es muß also sauber gestrichen werden. Darauf legt man Mixtion an, vergoldet und läßt mindestens 4 bis 5 Tage lang gut trocknen. Am fünften Tage nimmt man ein großes Leintuch, faltet es drei- bis vierfach zusammen, macht es gut naß und legt es straff auf die Schriftseite des Steines. Das Tuch muß ganz stramm gespannt sein und fest auf dem Stein aufliegen. Es darf auch nicht trocken werden, sondern sollte mindestens 2 bis 3 Stunden feucht bleiben. Im Sommer muß u. U. das Tuch immer wieder angefeuchtet werden, ohne es indes herunterzunehmen, damit die nötige Feuchtigkeit gewährleistet bleibt.

Nach Ablauf von etwa 3 Stunden nimmt man das Tuch herunter und schabt dann mit einer scharfschneidigen Spachtel die Ölfarbenschicht vom Stein ab. Geschieht dies mit entsprechender Sorgfalt und war die Schrift an sich gut und scharf, so wird, wenn alles abgeschabt und mit Sepia (eventuell bei gröberem Gestein mit Bimsstein und Wasser) nachgeschliffen worden ist, die Schrift auch exakt dastehen. Wenn die Schrift natürlich schon unsaubere Kanten hatte, bleiben diese auch sichtbar und man muß sie ausbessern. In vielen Fällen läßt sich durch Einfassen der Schrift mit schwarzer Öllackfarbe die gewünschte Schärfe erreichen.

Dieses Einfassen der Schrift kann aber auch in anderen Fällen nötig werden, besonders auf weißem Stein bei großen Schriftzeichen und auch auf vielen farbigen Gesteinsarten, wo das Gold allein sich vom bunten Grund nur schlecht abheben und die Schrift deshalb unleserlich erscheinen würde. Wie schon gesagt, nimmt man hierzu eine schwarze Öllackfarbe, bestehend aus feinstem, gut gebranntem Kienruß, oder Elfenbeinschwarz, in Firnis dick gerieben, mit halb Firnis und halb Luftlack verdünnt und eventuell mit wenig Terpentinöl vermischt.

Ein abweichendes Verfahren wird mitunter dann notwendig, wenn bei strenger Kälte im Freien vergoldet werden muß, wie es, namentlich gegen Allerheiligen, auf Friedhöfen vorkommt. Man kann zwar hier in der gewohnten Weise auf Mixtion arbeiten; dies hat aber den Nachteil, daß die Vergoldung keinen Glanz behält. Das Mixtion erstarrt nämlich – wie jedes Leinöl – durch die Einwirkung der Kälte, trocknet aber sehr langsam. Durch das Erstarren wird man dann, wenn man nicht sehr genau hinsieht, zu der Annahme verleitet, daß man anschießen könne, und das Gold hält auch und glänzt vorerst ganz gut. Später aber – oft erst nach Monaten – erweicht sich die Mixtionanlage wieder, und die Folge davon ist, daß das Gold einsinkt, ersäuft und unansehnlich wird.

Hat man an *Fassaden* Vergoldungen auszuführen, so legt man die betreffenden Stellen zweimal mit Schellack an und dann mit Mixtion, eventuell zweimal, um eine möglichst glatte und glänzende Fläche zu erzielen. Eine Schädigung der Vergoldung durch die etwa im Zement der Fassaden enthaltenen Alkalien ist nicht zu befürchten, namentlich dann nicht, wenn (was ja in der Regel der Fall ist) die Vergoldung sich nur auf kleinere Teile, Gliederungen an Profilen usw. beschränkt.

Glanzvergoldung auf Lackgrund

Dies ist eine Sammelbezeichnung für verschiedene Techniken, nämlich für die Vergoldung ganzer Gegenstände und für die Herstellung von hochglänzenden Goldverzierungen auf im übrigen lackierten Gegenständen, Möbeln, Türen usw. In der Ausführung unterscheiden sich aber beide wesentlich, und zwar schon dadurch, daß bei der ersten Art das Gold auf Mixtion, bei der zweiten dagegen auf Gelatine oder Spiritus angeschossen wird.

Bleiben wir vorerst bei der Glanzvergoldung ganzer Gegenstände. Hier kann man wiederum nach zwei Methoden arbeiten, je nachdem, wie sauber das Holz der betreffenden Gegenstände vorgearbeitet ist. Auch ist die Wahl des Materials eine Kostenfrage. Bessere Dinge, die schon sauber geschliffen aus der Werkstatt kommen, erfordern eine einfachere Technik als die geringeren, da bei diesen das am Schliff Fehlende nachgeholt werden muß. Denn, wie schon mehrmals betont, nur auf ganz glattem, feinem und hartem Grund kann das dünne Goldblättchen seinen hohen Metallglanz zeigen. Sind die Stücke vom Tischler, Drechsler usw. gut gearbeitet, so streicht man das rohe Holz entweder zweimal mit nicht zu dickem Spirituslack oder einmal mit einem Grundiermittel und darauf einmal mit Spirituslack.

Den Grundiermitteln kann man etwas Zinkweiß und hellen Ocker zusetzen, dem Spirituslack aber nicht, weil er sonst stockig wird und nicht verarbeitet werden kann.

Es folgt dann nach dem immer üblichen leichten Abschleifen ein Anstrich mit einer hart werdenden, halbmatten und nur wenig deckenden Lackfarbe, der wie alle vorigen Anstriche im warmen Raum bei mindestens 20 Grad getrocknet werden muß, und auf diesen ein weiterer Anstrich mit reinem Lack, der in gleicher Weise getrocknet wird. Man darf hierzu aber nur sehr gut erhärtende Lacke, am besten einen Bernstein-Sitzlack, verwenden. Der Lack muß blank und im feinsten Hochglanz stehenbleiben. Ist der Lack gut erhärtet, legt man mit Mixtion an und wischt dieses mit einem sauberen Leinenlappen wieder ab (wie schon bei der Vergoldung von Zinkbuchstaben angeführt), so daß nur eine ganz dünne Mixtionanlage darauf bleibt. Auf diese wird, wenn es Zeit ist, vergoldet und am nächsten Tag mit Watte oder einem Stückchen feinstem Seidensamt poliert.

Es braucht wohl kaum besonders betont zu

werden, daß auch alle diese Arbeiten im warmen Raum gemacht und besonders getrocknet werden müssen.

Für viele Arbeiten dieser Art kommt aus Billigkeitsgründen kein echtes Blattgold zur Verwendung, sondern Metallgold, Schlagmetall. Dieses muß dann natürlich, da es an der Luft bald grün und schwarzfleckig werden würde, durch einen mehrmaligen Überzug mit Metallack, Spiritus- oder Nitrozelluloselack vor der Einwirkung der Luft geschützt werden. Diese Technik ist aber nur für Innenarbeiten zu empfehlen.

Wo es sich aber um kleine Objekte handelt und auf Haltbarkeit der Arbeit Wert gelegt wird, ist die Verwendung des *unechten Goldes nicht anzuraten*. An kleinen Gegenständen bereitet die Ausführung der Arbeit meistens mehr Kosten, als der Preis des echten Goldes beträgt. Man nimmt in solchen Fällen besser echtes Gold. Auch hierfür empfiehlt sich die Anbringung einiger Schutzanstriche mit den genannten Lacken, besonders dann, wenn die vergoldeten Gegenstände stark beansprucht werden, wie bei Stühlen und dergleichen. Der Metallglanz leidet zwar etwas darunter, doch wird das durch die so erreichte Widerstandsfähigkeit aufgewogen.

Ganz anders wird die zweite Art der Glanzvergoldung auf Lack gehandhabt. Diese findet, wie schon angedeutet, dann Anwendung, wenn auf lakkierten Gegenständen (ob blanken oder matten, ist gleich) Vergoldungen angebracht werden, die möglichst hohen Glanz zeigen sollen. Diese Vergoldungsart findet daher nur bei hochwertigen Lackierungen Anwendung, sei es an Wänden oder Dekken, an Türen oder Möbeln. Für äußere Arbeiten kommt dieses Verfahren nicht in Betracht.

Haben wir zum Beispiel ein Ornament in Glanzgold auf einer lackierten Türfüllung anzubringen, so verfahren wir wie folgt: Zunächst gut abledern, mit einer Zwiebel oder lauwarmem Prilwasser abreiben (denn auf der glatten Fläche würde die Kreidefarbe perlen) und dann nochmals mit sauberem Poliertuch nachreiben. Wir pausen das Ornament ganz in der üblichen Weise mit Kohle oder trockenem Kreidepulver auf. Dann nehmen wir eine normal geleimte Kreide-Leimfarbe aus Knochenleim und legen damit, soweit das Ornament reicht, den Hintergrund an, so daß, was vergoldet werden soll, frei stehenbleibt. Ist dies geschehen und die Leimfarbe trocken, nehmen wir guten, hochprozentigen und nicht denaturierten Spiritus und legen damit die zu vergoldenden Teile an. Dies erfordert eine gewisse Übung. Man darf nicht zu naß und auch kein zu großes Stück anlegen, sondern genau wie beim Vergolden auf Poliment immer nur so viel, als man mit dem bereitliegenden Stückchen Gold bedecken kann. Zum Anlegen nimmt man feine Haarpinsel. Das Gold drückt man sofort an; es haftet vorzüglich, solange der Spiritus noch naß ist, da durch den Spiritus die obere Schicht der Lackierung vorübergehend etwas erweicht und dadurch klebefähig wird. Sobald der Spiritus verdunstet ist, hört auch das Kleben des Lackes auf. Man muß also aufmerksam arbeiten.

Ist alles mit Gold bedeckt, so nehmen wir ein Läppchen Seidensamt und polieren damit das Gold; hierauf übermalen wir das Ornament behutsam mit hellstem Metallack, damit nicht auch der Hintergrund überlegt wird. Zuletzt waschen wir mit weichem Schwamm die Kreide ab und haben dann, wenn die Lackierung hart und hochglänzend war, eine hochglänzende Vergoldung, neben der die gewöhnliche Ölvergoldung fast matt erscheint.

Nach einem anderen Verfahren wird die Vorlage nur durchgedrückt statt aufgepaust. Mit einem nicht zu spitzen Instrument fährt man die Umrisse nach. Es drückt sich die Zeichnung leicht in die Lackierung ein und wird dadurch sichtbar. Wir legen dann die Zeichnung mit einer mäßig starken Gelatinelösung oder verdünntem Eiweiß (auf 1 Teil geschlagenes und geklärtes Eiweiß 2 bis 3 Teile Wasser) oder auch Hausenblasenabkochung an, legen das Gold in die nasse Anlage, drücken es an und polieren es nach dem Trocknen mit Watte oder Seidensamt. Sodann überlegen wir, wie beim vorigen Verfahren angegeben, die Zeichnung, deren Umrisse infolge der Eindrücke sichtbar sind, mit hellstem Metallack, eventuell zweimal, und waschen dann das überstehende Gold ab.

Wollen wir das so erzielte Glanzgold in Gegensatz zu matterem Gold bringen, so können wir entweder das Mattgold nachträglich auf Mixtionanlage machen, oder wir legen die Teile, die matt werden sollen, vor dem Gelatineauftrag mit in Tinktur angerührter Bronze an und lassen dies trocknen. Dann folgt das Anlegen mit Gelatine und das Vergolden.

Ölvergoldung auf einem Lackschliffgrund (Beispiel)

Als Sonderausführung seien hier kurz die Arbeitsgänge einer dekorativen Ölvergoldung auf Lackschliffgrund beschrieben:

1. *Der Grund:* Ein fertig auf Seidenglanz geschliffener Grund.

2. *Die Streichfolie* (Zubereitung – Auftrag – Schnitt): Der Grund wird mit einer Streichfolie überzogen, die mit Zelleim, Glyzerin und Aluminiumpulver angesetzt wird (120 g Zelluloseleim werden in 2½ Liter Wasser angesetzt). 5% Glyzerin wird nun beigegeben und beim Umrühren etwa 50 g Aluminiumpulver hinzugesetzt. Die Mischung muß ausprobiert werden. Zeigt sich dabei, daß nach dem Trocknen und Abziehen der Folie Aluminiumpulver auf der Lackfläche liegen bleibt, dann hat die Mischung zu viel Aluminiumpulver bekommen. Macht sich beim Schneiden ein Hochziehen der Schnittkanten bemerkbar, ist zuviel Glyzerin in der Folienmischung enthalten. In beiden Fällen kann mit dem Pinsel aufgestrichen oder mit der Spachtel aufgezogen werden. Ein Vorstrich ist nötig, der nicht zu dick sein darf. Ein zweiter Überstrich wird nach dem Trocknen des Vorstriches aufgebracht, und zwar quer zum ersten Strich. Auch der zweite Strich sollte dünn aufgetragen werden. – Nach dem Trocknen wird die Zeichnung aufgepaust und die Folie geschnitten. Für diesen Zweck ist eine Schneidefeder bereitzuhalten. Das Schneiden muß ohne starken Druck vor sich gehen, damit die Lackfläche nicht durchschnitten wird. Auch sollten die Ecken nicht durchschnitten werden, weil der Schnitt sich nach dem Vergolden bemerkbar macht. Nun kann die Zeichnung ausgehoben werden. Die Schnittkanten sind anzudrükken, damit die Folie dicht aufliegt.

3. *Die Anlage mit Mixtion:* Die zu vergoldenden Flächen werden mit Mixtion angelegt. Erscheint die Mixtionanlage als zu stark aufgetragen, so wird sie mit Transparentpapier abgehoben, so daß nur noch ein Hauch liegen bleibt. Man kann die Mixtionanlage auch mit einem Leinentuch senkrecht oder waagerecht abziehen, um eine hauchdünne Anlage zu erzielen. Die Anlage bleibt, vor Staub geschützt, unberührt liegen, bis sie nach 10 bis 12 Stunden beim Berühren mit der Fingerspitze einen knarrenden oder pfeifenden Ton hören läßt.

4. *Die Vergoldung:* Die Vergoldung kann mit Transfergold oder auch mit losem Gold vor sich gehen. Auf jeden Fall jedoch müssen die Goldblättchen exakt aufgelegt werden. Ist alles mit Gold bedeckt und mit Watte (Augenwatte) leicht angedrückt (Ecken und Kanten), dann wird abgekehrt und das überschüssige Gold aufgefangen.

Zu bemerken ist noch, daß an Stelle der Streichfolie auch eine sogenannte Schneidehaut genommen werden kann. Sie wird aufgezogen, läßt sich sofort schneiden und auch leicht vom Grund ablösen. Man spart dabei Zeit.

Vergoldete Reliefplastik (Beispiel, vgl. Abb. 12, 29–32)

1. *Der Grund* ist ein auf Seidenglanz fertig geschliffener Lack. Dunkle Farbgebung ist zweckmäßig, weil darauf das Gold im Glanz steht.

2. *Die Streichfolie:* Der Grund wird mit einer Streichfolie überzogen, die mit Zelleim, Glyzerin und Aluminium angesetzt wird. (120 g Zelleim werden in 2½ Liter Wasser angesetzt, 5% Glyzerin beigegeben und beim Umrühren etwa 50 g Aluminiumpulver hinzugesetzt. Es muß ausprobiert werden, ob sich die Mischung vom Untergrund lösen läßt.) Ein drei- bis viermaliger Auftrag ist nötig, um eine gewisse Stärke zu erhalten. Danach erfolgt ein halbfetter Ölfarbenanstrich und danach eine farbige Lackierung, die nach dem Trocknen geschliffen wird, um eine glatte Oberfläche zu bekommen.

3. *Das Ausschneiden der Formen:* Die Formen werden aufgezeichnet oder aufgepaust und dann mit einer Schneidefeder ausgeschnitten. Hierbei ist zu beachten, daß über die gezeichneten Linien nicht hinausgeschnitten wird, weil sich der Fehlschnitt im Gold bemerkbar macht. Die Teile, die vertieft liegen sollen, werden herausgehoben. Die Kanten der hochliegenden Teile werden mit einem Falzbein angedrückt. Zweckmäßig ist es, einen Bogen Papier darüber zu legen und dann mit dem Falzbein darüber zu streichen, damit alle Kanten fest anliegen.

4. *Das Anlegen mit Anlegeöl:* Die gesamte Fläche wird nun mit Anlegeöl sauber angelegt. Dabei ist darauf zu achten, daß die Anlage staubfrei bleibt. Nach genügender Austrocknung – die Anlage muß knarren oder pfeifen, wenn man mit der Fingerspitze darüber fährt – kann die Vergoldung vor sich gehen.

5. *Die Vergoldung:* Das Auflegen der Goldblättchen erfordert nur noch Sauberkeit. Sie müssen die Kanten gut decken, damit keine Fehlstellen entstehen. Die Vergoldung wird mit Augenwatte leicht angedrückt; dann wird mit dem Abkehrpinsel das überschüssige Gold abgekehrt.

Altvergoldung auf Ölgrund (vgl. Abb. 36–39)

1. *Der Grund:* Die Fläche wird gespachtelt und ver-

schiedenfarbig in dunklen Tönen, z. B. schwarz, rot, braun, gestrichen. Dann wird sie farblos lakkiert und bis zum einwandfreien Lackschliff geschliffen.

2. *Die Anlage mit Anlegeöl:* Die Lackschliffläche wird mit Anlegeöl überzogen. Hierbei muß entschieden werden zwischen Anlegeöl (das zwölf Stunden benötigt, um weiterbearbeitet zu werden) und einem Öl, das bereits nach drei Stunden gebrauchsfertig ist. Es wurden positive Erfahrungen gemacht mit einem Anlegeöl, das aus einem guten farblosen Außenlack und Standöl selbst hergestellt und vor allem auf bestimmte Trockenzeiten abgestimmt werden konnte. – Das Anlegeöl darf nicht zu fett aufgetragen werden. Wo es zu satt aufgetragen worden ist, nimmt man es mit Transparentpapier ab oder zieht es mit einem Leinenlappen ab, und zwar genau senkrecht oder waagrecht, um eine saubere Fläche zu erzielen. Gibt die Anlage beim Berühren mit der Fingerspitze einen knarrenden oder pfeifenden Ton, so ist sie aufnahmebereit für die Vergoldung.

3. *Die Vorbereitung des Goldes:* Zur Verwendung kommt Transfergold. Mit einem kleinen Rundpinsel werden die Vorderkanten des Goldblättchens gestaucht; darunter ist zu verstehen, daß die harte Kante aufgelockert wird. Die fertige Vergoldung läßt die so bearbeiteten Kanten deutlich erkennen. Das frei werdende Gold wird gesammelt, da es noch verwendet werden kann.

4. *Das Vergolden:* Die vorbereiteten Goldblättchen werden sauber mit den Seitenkanten aneinandergesetzt. Es ist eine gewissenhafte Aneinanderreihung der einzelnen Blättchen erforderlich, um eine gute Wirkung zu erzielen. Die Anlagekanten müssen eine einwandfreie senkrechte und waagrechte Netzwirkung ergeben.

5. *Das Abkehren:* Nach dem Vergolden werden die Blättchen mit guter Verbandwatte leicht angedrückt (nicht gerieben!), besonders an den Nähten. Danach wird das überschüssige Gold mit dem Abkehrpinsel abgekehrt. Es ist dabei nicht zu vermeiden, daß das lose Gold auf die Anlage stäubt und dort festhaftet. Diese feinen Goldstäubchen geben dem Ganzen besonderen Reiz.

6. *Die Zaponierung:* Nach guter Trocknung wird die Vergoldung mit Zaponlack übersprüht (leicht gespritzt, nicht gestrichen). Der Zaponlack kann für diesen Zweck verdünnt werden, um einen hauchdünnen Überzug zu erhalten. Es sollen keine »Zaponansammlungen« gespritzt werden, die durch das Gold dringen, die Anlage anlösen und dann Blasen ziehen, also lieber dreimal hauchdünn als einmal dick spritzen. Zum Spritzen ist ein Fixierröhrchen das richtige Instrument.

7. *Die Lackierung:* Es kommt auf den Zweck an, der letztlich dafür entscheidend ist, ob eine Vergoldung lackiert wird. Sie muß dann aber mit einem guten Lack vorgenommen werden. – Der Zweck bestimmt auch, ob es eine Seidenglanzlackierung, eine geschliffene oder eine polierte Lackierung sein soll. Auf alle Fälle aber kann sie nur auf das zaponierte Gold aufgetragen werden. Ohne den schützenden Zaponüberzug fettet das Gold durch; es wird fleckig und unansehnlich. – Die Lackierung soll, der Bedeutung der Vergoldung entsprechend, sauberst vor sich gehen. Nötig sind dazu ein Lacksieb (kein Nylonstrumpf), saubere Gefäße, sauberes Werkzeug, eine saubere Umgebung und Sorgfalt.

Vergoldung auf Geweben aller Art

Die Vergoldung auf Geweben – Leinen, Seide, Baumwolle usw. – findet fast ausnahmslos auf Mixtionanlage statt und immer auf die gleiche Weise. Der Stoff wird straff aufgespannt, denn es ist zunächst anzustreben, einen möglichst glatten Grund für das Gold zu erzielen. Ferner ist ein Auslaufen des Anlegeöls und damit die Entstehung der gefürchteten Ölränder zu vermeiden.

Zu diesem Zweck tränkt man den Stoff, so weit sich die Vergoldung erstrecken soll, mit mittelstarker Gelatinelösung und bearbeitet dann die Oberfläche durch Streichen mit einem glatten Instrument derart, daß sich aufrechtstehende Stoffasern glattlegen und dadurch eine ebene Fläche entsteht. Dies kann natürlich nur geschehen, solange die Gelatine noch feucht ist; wenn es mit einem Auftrag nicht erreicht wird, muß man eben zwei geben. Besonders bei gröberen Wollstoffen ist ein mehrfacher Auftrag erforderlich.

Die weitere Bearbeitung ist sehr einfach. Nach dem Trocknen der Gelatine legt man mit Mixtion an und vergoldet wie schon mehrfach angegeben. Sind nur kleinere Partien – etwa eine Schrift oder ein Ornament – zu vergolden, so kann man auch in anderer Weise verfahren, besonders wenn das zu Vergoldende von einer dunklen oder, auf dunklen Stoffen, von einer hellen Kontur eingefaßt ist. Man legt dann zuallererst diese Kontur mit einer halbmatten, gut und hart trocknenden Lackfarbe an. Ist diese trocken, bestreicht man das innerhalb der

Kontur Befindliche ein- oder zweimal mit Gelatine und legt darauf Mixtion an usw. Besonders auf Seidenstoffen ist dies empfehlenswert.

Vergoldung auf Glas

Die hier zu besprechende Vergoldung auf Glas ist nicht zu verwechseln mit der bekannten und besonders für den Schildermaler wichtigen Vergoldung hinter Glas; diese wird später in einem eigenen Abschnitt eingehend besprochen. Hier handelt es sich nur um Vergoldungen auf Gegenständen aus Glas bzw. auf sonst glasierten Oberflächen.

Bei größeren Goldflächen kommt allein die gewöhnliche Ölvergoldung in Frage, zum Beispiel bei Schriften auf Außenseiten von Schaufenstern. Man legt dann einfach mit Mixtion an und vergoldet.

Der Glanz der Vergoldung wird allerdings bedeutend schöner, wenn man statt mit Mixtion mit Gelatine oder Eiweißlösung anlegt, auf die nasse Anlage vergoldet und dann zweimal mit Metallack überzieht. Die so hergestellte Vergoldung ist aber weniger haltbar als die Ölvergoldung.

Vergoldung von Linien

Goldlinien können zum Beispiel an Türen, Leibungen oder Wandvertäfelungen in Frage kommen. Sie machen kein besonderes Spezialverfahren nötig. Es wird mit Mixtion sauber angelegt und darauf angeschossen. Dabei läßt sich ein vorzügliches Werkzeug verwenden, die Goldrolle; aus diesem Grunde ist hier die Linienvergoldung in einem besonderen Abschnitt behandelt. Die Goldrolle ist ein handliches Instrument, das auf Papier festgelegte, 20 Meter lange Goldstreifen auf eine schmale Walze gewickelt enthält. Setzt man nun das freie Ende des Goldstreifens auf die Anlage an und läßt dann, genau und langsam der Anlage folgend, die Walze abrollen, so erhält man eine tadellose und lückenlose Goldlinie. Die Goldrolle ist mit Streifen von 2 bis 20 mm Breite in Fachgeschäften zu haben; leere Walzen können beliebig und einfach durch frische ersetzt werden. Der Mechanismus der Goldrolle ist kräftig und infolge seiner Einfachheit sehr haltbar. Außerdem hat man dabei den Vorteil, daß kein Stückchen Gold verlorengeht.

Seit Bestehen der Tesa-Film-Klebestreifen lassen sich noch feinere und schärfere Linien erzielen, indem man zu beiden Seiten der gewünschten Linie den Tesa-Filmstreifen aufzieht und den Zwischenraum, eben die gewünschte Linie, mit Mixtion anlegt. Nach der entsprechenden Wartezeit wird das Gold angeschossen, mit Watte leicht abpoliert und dann der Tesafilm abgezogen. Zu bemerken ist hierzu besonders, daß die Mixtionanlage mit einem sauberen Leinenlappen durchgezogen wird, um eine gleichmäßige Anlage zu erzielen, die nicht so stark aufliegt. Die Mixtionanlage soll nur wie ein Hauch die Fläche bedecken; sie darf das Gold nicht durchtränken, damit es eben »goldglänzend« bleibt.

Ölvergoldung neben Polimentglanzgold

Das beste Ölgold wirkt gegenüber Polimentglanzgold nur wie mattes Gold. Deshalb wird auch wegen der einfacheren Herstellungsart und größeren Widerstandsfähigkeit gegen äußere Einwirkungen bei Gegenständen, die neben Glanzgold auch Mattgold erhalten sollen, für das Mattgold fast ausschließlich die Ölvergoldung angewendet.

In diesem Falle werden die Teile, die für Mattgold bestimmt sind, nicht mit Poliment überzogen, sondern nur mit Kreidegrund; wenn es größere Teile sind, werden nur einige Aufträge damit gegeben (an polychromierten Statuen usw. nur die Steinkreidegrundierung) und dann geschliffen wie zum Polimentieren. Man macht hierauf die Polimentaufträge und das Glanzgold fix und fertig und geht erst dann zur Ausführung des Mattgoldes über. Die erste Arbeit besteht darin, daß man alles, was Mattgold ist, zweimal mit dünnem Spirituslack gleichmäßig überstreicht. Selbstverständlich muß man das Glanzgold peinlich sauber beschneiden und stets achtgeben, daß es nicht verschmiert wird. Steht mit zweimaligem Schellackieren alles gleichmäßig blank, so erfolgt das Auftragen der Mixtionanlage. Zeigen sich – was aber nur bei sehr geringem Leimgrund vorkommt – noch matte Stellen im Spirituslack, so muß noch ein drittes Mal damit überstrichen werden.

Dem Mixtion setzt man immer etwas hellen Okker zu und trägt es recht gleichmäßig und nicht zu dick auf. Das Vergolden erfolgt dann ganz in der üblichen Weise.

Im Gegensatz zu den sonstigen Ölvergoldungstechniken ist hier mit dem Versäubern und Abpolieren des Goldes die Arbeit nicht beendet, sondern es erfolgt in der Regel noch ein besonders wichtiger

Arbeitsgang, nämlich das sogenannte Mattieren des Goldes.

Soll auf einwandfrei lackierten oder geschliffenen Flächen neben der matten Ölvergoldung eine Blankvergoldung angebracht werden, ohne einen Polimentgrund unterlegen zu müssen, so ist dieser einfache Weg zu empfehlen: Die zur Blankvergoldung vorgesehene Fläche oder Leiste wird mit leichtem Seifenwasser oder mit der Schnittfläche einer Zwiebel abgerieben und sauber nachgewaschen. Dann werden die vorbereiteten Stellen mit verdünntem Sichozelleim angelegt und in den nassen Leim die Blättchen angeschossen. Nach dem Trocknen glänzt das Gold schön.

Mattieren des Goldes

Das Mattieren ist ein Überlackieren des Goldes mit gefärbtem Spirituslack. Es wird sowohl auf Ölmattgold als auch auf Polimentmattgold und ebenso auf unechter Mattvergoldung ausgeführt. Ist zu letzterer Silber benützt worden, so muß dieses zuerst die entsprechenden Überzüge mit Goldlack erhalten.

Das Mattieren hat den Zweck, den natürlichen Goldglanz zu dämpfen und das eigentliche Glanzgold noch besser zur Geltung zu bringen, außerdem aber auch dem Gold eine bestimmte Färbung zu geben. Man hat es hierbei ganz in der Hand, durch verschiedene Farbzusätze den Goldton zu beeinflussen. Man darf dabei nur nicht zu weit gehen, so daß immer der Charakter des reinen Goldes gewahrt bleibt. Als Zusätze dienen: Kreide in Spiritus ganz fein gerieben, hauptsächlich zur Erzielung eines blassen und sehr matten Goldes. Ferner benützt man die bekannten Pflanzenfarbstoffe, Gummigutt, Sandelholz, Drachenblut, auch Karmin; zur Erzielung eines grünlich scheinenden Goldes können einige Tropfen einer Spirituslösung von Pariser Blau dienen. Gold darf aber nicht zum glasierten farbigen Metall werden!

Farbe und Grad der Mattierung müssen vor Beginn der Arbeit genau ausprobiert werden, am besten an einem besonderen Stück. Dieses Probestück sollte aber auch eine Partie Glanzgold aufweisen, da man sich sonst über das Verhältnis der Mattierung zum Glanz gewaltig täuschen kann. Der Mattigkeitsgrad hängt im wesentlichen davon ab, ob viel oder wenig Schellack im Lack enthalten ist – je dünner der Lack, desto matter trocknet er auf. In dieser Hinsicht hat auch der Kreidezusatz großen Einfluß. Hat man die Mattierung für gut befunden, so überstreicht man mit einem weichen Haarpinsel alles angelegte Gold damit, soweit es eben matt werden soll, und zwar recht gleichmäßig und mit möglichst wenig Hin- und Herstreichen.

Bemerkt sei noch, daß die Ausführung der Schellackmattierung stets im warmen Raum erfolgen und auch dort trocknen muß, da durch Einwirkung kalter – besonders feuchtkalter – Luft der Spirituslack fleckig auftrocknet und auch nicht gleichmäßig verlaufen kann.

Mittel gegen das Ankleben des Goldes

Um das *Ankleben* überschüssiger und weggeflogener Goldteilchen am Untergrund zu vermeiden, hilft man sich bei Eisen dadurch, daß man das Gold vor dem letzten Anstrich anbringt und dann sauber ausfaßt. In anderen Fällen ist diese Methode jedoch nicht anwendbar, da durch nachträgliches Ausfassen des Grundes bei Lack ungleicher und unsauberer Glanz, bei Öl- und Wachsfarben außerdem noch sichtbare Pinselspuren entstehen würden, ganz abgesehen vom großen Zeitaufwand. Das Abpudern mit Talkum hat sich bei gewissenhafter Anwendung sehr gut bewährt.

Besser ist es aber, die Flächen mit Eiweiß zu überstreichen. Zu diesem Zweck nimmt man ein Eiweiß, schlägt es einige Minuten und vermischt es dann gut mit der vierfachen Menge lauwarmen Wassers. Das so verdünnte Eiweiß läßt man auskühlen und trägt es dann mit weichhaarigem Pinsel auf die zu vergoldenden Teile auf, läßt es gut trocknen, legt den Mixtion-Goldgrund wie üblich an und vergoldet, wenn der Grund trocken genug ist. Ist dann die Vergoldung fertig, abgekehrt und gut ausgetrocknet, so wäscht man mit frischem Wasser* die dünne Eiweißschicht wieder ab. Mit dieser Eiweißdecke werden sich dann auch die etwa angeklebten Goldteilchen ohne weiteres entfernen lassen. An Stelle von Eiweiß nimmt man auch stark verdünnten Sichozelleim, der sich nachher ebenfalls gut abwaschen läßt und den Vorteil hat, die Fläche nicht zu zerreißen, weil er spannungsfrei ist.

Die Vergoldung selbst leidet durch das Abwaschen nicht, ebensowenig die Lackierung. Natür-

* Destilliertes Wasser ist sehr zu empfehlen.

lich muß man nach dem Abwaschen mit einem weichen, angefeuchteten Leder alle Wasserspuren beseitigen. Es ist beim Vorstreichen mit Eiweiß vor allem darauf zu achten, daß die Wassermenge ausreichend ist. Nimmt man nämlich das Eiweiß in zu starker Form, so ist es, wie schon einmal gesagt, sehr leicht möglich, daß die Lackierung vollständig zerreißt.

Außer diesen Mitteln gibt es noch ein sehr einfaches, welches den Vorzug hat, daß die dazu benötigten Materialien stets in jeder Malerwerkstatt vorhanden sind. Man überstreicht die Fläche, auf der die Vergoldung angebracht werden soll, mit ganz dünner, ungeleimter Kreidefarbe. Wenn sie trocken ist, verfährt man mit der Vergoldung in der üblichen Weise und wäscht am Schluß wieder die Kreide ab. Vor der zuerst beschriebenen Art des Eiweißvorstreichens hat diese Methode den nicht unwesentlichen Vorzug, daß man genau sieht, wie weit man vorgestrichen hat, und daß man ferner etwaige Beschädigungen in der so hergestellten Schutzdecke sofort bemerkt, also sie ausbessern kann. Das Verfahren ist daher besonders beim Vergolden an Decken usw. angebracht.

Weitere Techniken der Flächenvergoldung und Goldbearbeitung

Die Vergoldung auf Leimfarbanstrichen

Das uralte Vergoldermaterial, das Eigelb, kommt hier besonders viel zur Anwendung, doch kann auch in gleicher Weise auf Eiweiß angeschossen werden.

Das einfachste, sehr zweckmäßige Mittel ist eine Mischung aus Eigelb und Glyzerin, auf 1 Gelb 15 bis 20 Tropfen. Im Winter und auf gut geleimtem Grund gibt man weniger Glyzerin zu, in der warmen Jahreszeit und auf stark einsaugendem Grund mehr. Das Glyzerin wird mit dem Eigelb gut verrührt; eine Person legt die betreffenden Teile an, und eine andere geht gleich hinterdrein zum Goldauflegen. Die Klebefähigkeit der Mischung ist nämlich vorbei, sobald das Eigelb trocken ist; dies geschieht auf dem weichen, porösen Grund schnell, und der Glyzerinzusatz dient nur dem Zweck, die Anlage länger vergoldungsfähig zu erhalten.

Wird diese Vorbedingung beachtet, so läßt sich damit sehr flott arbeiten, und das Gold hat auch schönen Glanz. Für unechtes Gold gibt man etwas mehr Glyzerin und ein wenig Leimlösung, wie sie zum Farbenleimen dient, hinzu – ebenso für das dickere Blattsilber und Blattkupfer, da diese nicht so leicht kleben wie das dünne echte Gold.

Andere Zusammensetzungen mit Eigelb sind: Eigelb mit Zuckerwasser vermischt, oder Eigelb mit der halben Menge Sirup vermischt und mit Wasser verdünnt; bei beiden ist das Eigelb die wirksame Kraft.

Außerdem kann auch die Klebekraft des Zuckerpräparates Sirup benutzt werden. Mit Leimwasser verdünnter Sirup gibt ein gutes Mittel, ist aber zäher als die Eigelb-Glyzerinmasse. Das gleiche gilt von einer Mischung aus Sirup, venezianischem Terpentin und Terpentinöl.

Für die zumeist vorkommenden Vergoldearbeiten an Decken und Wänden ist das Eiglyzerin am besten zu gebrauchen und verdient vor allem anderen den Vorzug.

Die Mordentvergoldung

Sie kann auf jedem Wasserfarbengrund angewandt werden und ist besonders in Kirchen oft von Vorteil. Auf sehr rauhem und oft nicht ganz ausgetrocknetem Verputz zum Beispiel läßt sich kein besseres Mittel denken.

Das Mordent besteht aus einer Mischung von Wachs, venezianischem Terpentin und Talg. Auf 50 Gramm gelbes Wachs nimmt man 100 Gramm Terpentin, Talg nur wenig und nach Bedarf; man muß es ausprobieren. Klebt die Mischung zu wenig, so muß der Talgzusatz noch entsprechend gesteigert werden. Eine andere, ähnliche Mischung besteht aus 50 Gramm Wachs, 25 Gramm Leinöl und 25 Gramm venezianischem Terpentin.

In beiden Fällen werden die einzelnen Teile zusammengeschmolzen. Auch beim Auftragen muß die Mischung warm sein, da sie in kaltem Zustand fest und nicht auftragbar ist. Man erwärmt sie deshalb unmittelbar bei der Arbeit über einer Spiritusflamme im Wasserbad. Die Masse erstarrt auf der Wand fast augenblicklich, trägt daher dick auf und gibt eine glatte, plastisch aufliegende Schicht, die durch mehrmaliges Auftragen noch verstärkt werden kann. Aus diesem Grund ist die Mordentvergoldung auch für die Theatermalerei wichtig, da es hier besonders darauf ankommt, kräftig wirkendes Gold zu erzielen, so z. B. die Glanzlichter bei gemalten Goldstoff- und Metallimitationen usw.

Das Gold wird direkt nach dem Auftragen der Masse aufgelegt, leicht angedrückt und erst nach 1 bis 2 Stunden gut versäubert.

Auf allen angegebenen Klebemitteln kann mit echtem wie mit Metallgold, Silber usw. gearbeitet werden. Wo Silber, Schlagmetall oder Kupfer angebracht wird, muß durch Überziehen der Metalle mit Spiritus- oder Zaponlack dafür gesorgt werden, daß sie von der Luft abgeschlossen sind, da sie sonst bald oxidieren würden. Aufbewahren läßt sich nur das Wachsmordent. Die Eipräparate verderben alle bald; man sollte deshalb nicht mehr davon anrichten, als man an einem Tage verarbeiten kann. Werden sie im Laufe der Arbeit zäh und dick, so können sie mit einigen Tropfen Wasser verdünnt werden.

Das Lasieren von Vergoldungen und Versilberungen

Vergoldungen werden lasiert, um den allzu lebhaften Goldglanz zu dämpfen, dann auch, um besonders schöne und glänzende, mit Farben allein nicht zu erzielende Töne herzustellen, sog. Lüster. Es werden aber auch Silber, Zinn oder Aluminium lasiert, um ihnen, in vielerlei Varianten, den Goldton oder auch den echter Vergoldung zu geben.

Das Verfahren ist schon frühzeitig angewandt worden, vielfach auch zur Erzielung eigenartiger Farbtönungen und mit Anbringung graphischer Darstellungen, von Ornamenten und dergleichen durch Gravieren in der Lasur selbst. Solche Gravierungen, sogenannte Damaszierarbeiten, werden in die noch nasse Lasur mit einem spitzen Bein oder Stäbchen gekratzt. Die fertige Arbeit wird nach dem Trocknen lackiert.

Reichste Anwendung fand die Gold- und Silberlasierung in der Rokokozeit. In den klassizistischen Kirchen, etwa um 1790–1830, findet man in der Regel alle Heiligenstatuen, die auf den Architekturteilen lagernden Putten, Engel usw. mit vergoldeten oder versilberten und dann lasierten Prunkgewändern angetan. Bemerkenswert ist die technische Tüchtigkeit, mit der diese Arbeiten fast durchweg ausgeführt wurden. Häufig sind solche Arbeiten, die doch immerhin 150 bis 200 Jahre alt sind, noch völlig gut erhalten, als seien sie erst vor einigen Jahren aus der Vergolderwerkstatt gekommen. Der gute Erhaltungszustand ist ein Beweis dafür, auf welcher Höhe damals die Leistungen der Malervergolder standen.

Heute findet die Metallasierung im allgemeinen wenig Anwendung. In größerem Umfang wird sie nur dann ausgeübt, wenn Kirchen aus den Zeiten, in denen das Verfahren blühte, zu renovieren sind, oder wenn es sich um Arbeiten handelt, die in alte Kirchen oder ähnliche Profanräume hineinpassen sollen.

Die Arbeitsweise

Die Arbeitsweise ist einfach, und unsere reiche Farbenskala böte zweifellos die Mittel, ganz großartige farbige Wirkungen zu erzielen. Man vergleiche nur, was jene alten Meister mit ihren damals so armseligen Mitteln geleistet haben! Die Hauptsache ist vor allem, daß der Grund tadellos ist, daß also die Vergoldung oder Versilberung vollständig fertig und in hochfeinem Metallglanz dasteht.

Das Lasieren selbst geschieht mit den bekannten Lasurfarben, wie sie für den jeweiligen Farbton erforderlich sind. Am besten nimmt man dazu gute Tubenfarben, da diese fein gerieben sind und deshalb eine gleichmäßige Arbeit ermöglichen.

Für weiße Lasierung (die mitunter zum Abtönen von Gold nötig ist) nimmt man Zinkweiß; für Gelb Indischgelb, Terra di Siena, Ocker, Schüttgelb, mitunter auch etwas Chromorange; für Rot Terra di Siena gebrannt, Krapplack, Karmin, Krapprosa (wenig angewandt), hie und da etwas Zinnober, wenn man einen bestimmten Ton erreichen will. Für Grün nimmt man Chromgrün oder Mischungen aus Indischgelb oder Chromgelb und Pariser Blau; für Blau Pariser und Kobaltblau; für Braun Kasseler Braun; Violett mischt man aus Kobaltblau und Krapplack oder Karmin. Stumpfere Töne erhält man in der bekannten Weise durch entsprechende Mischungen.

Man kann das Lasieren sowohl in Öl als auch in Wasser ausführen. Die erste Art ist vorzuziehen, weil man damit sicherer arbeitet und auch Ansätze leichter vermieden werden. Lasurzusammensetzung: 25% Leinöl, 25% hellster Schleiflack, 45% französisches Terpentin und 5% Trockenstoff. Dazu feinste Tubenölfarbe. Die Lasur soll nicht fettglänzend stehenbleiben; sie soll aber auch nicht ganz matt auftrocknen, da beides den Metallglanz beeinträchtigt. In der Regel wird die Mischung der Lasur recht sein, wenn das Leinöl und der Lack zusammen die gleiche Menge ausmachen wie das Terpentinöl. Eher darf vom Lack etwas mehr genommen werden als vom Leinöl. Der Lack soll möglichst hell sein und gut trocknen. Ein guter Schleiflack eignet sich vorzüglich dazu. Geringere Lacksorten dürfen nicht verwendet werden, da dann die Lasurschicht leicht reißt.

Der Ton der Lasur muß genau ausprobiert sein, bevor man mit dem Auftrag beginnt. Man macht dies an einem Probestück oder an einer wenig auffallenden Stelle der Vergoldung. Die Farben müssen, wie schon erwähnt, ganz fein gerieben sein. Am besten seiht man die fertige Lasur nochmals durch ein doppeltes, feinfädiges Haarsieb.

Statt dieser selbstbereiteten Lasurfarben kann

man mit gleichem Erfolg die bekannten Metallacke aus Teerfarbenlacken oder auch Öllasierfarben, gefärbte Öl- oder Spirituslacke benutzen, die im Handel erhältlich sind. Bei den Teerfarbstoffe enthaltenden Lacken überzeuge man sich aber durch Versuche, ob die Farben ausreichend lichtecht sind. Handelt es sich um eine Ölvergoldung, die lasiert werden soll, dann ist es zweckmäßig, die vergoldete Fläche vorher mit einem guten Schleiflack, der mit Terpentinöl verdünnt ist, zu überziehen. Nach dem Trocknen kann dann lasiert werden. Die Lackierung hat den Zweck, das Gold in seiner Sauberkeit zu erhalten und zu verhindern, daß es durch die Lasur durchgerieben oder angelöst wird.

Es ist strengstens darauf zu achten, daß Geschirre wie auch Pinsel peinlich sauber sind. Als Geschirre sind Gläser oder sonstige Gefäße aus farblosem Glas vorzuziehen, da man in diesen den sich bildenden Bodensatz oder hineingeratenen Schmutz sofort bemerkt. Zum Lasurauftragen nimmt man weichhaarige Pinsel. Sehr gut geeignet sind die sogenannten Fisch- oder Fischotter-Haarpinsel, besonders die flachen, weil man damit ohne besondere Mühe einen gleichmäßig flotten Überzug und ein schönes Verlaufen der Lasur erreicht. Man kann das Lasieren der Metallauflage auch dann vornehmen, wenn auf Ölanlage vergoldet oder versilbert wurde. Dabei wird aber nicht der feine Schimmer und Metallglanz erreicht, der aus Glanzgold herauszuholen ist.

Wenn wegen zu hoher Kosten die Verwendung von echtem Blattgold nicht möglich ist, kann man auch unechtes Gold (Schlagmetall) verwenden oder Blattsilber, das im Goldton lasiert wird.

Daß auf Ölgold – trotz sorgfältigster Behandlung des Grundes – die Lasierung nicht so wirkungsvoll steht, hat seinen Grund darin, daß beim Ölgold niemals die absolute Glätte und Feinheit des Grundes und damit der Vergoldung erreicht wird wie durch den Kreidepolimentgrund. Wenn die Unebenheiten auch kaum erkennbar sind, so genügen sie doch, um den Goldglanz zu verringern und noch mehr bei einer Lasierung den Metallcharakter verschwinden zu lassen. Man sieht also, daß die Lasierarbeit, wenn sie auch nicht schwierig auszuführen ist, doch größte Sorgfalt schon bei den Vorarbeiten erfordert, und daß man sich deshalb bei der Ausführung des Grundes usw. sowie beim Polieren keinesfalls darauf verlassen darf, durch die Lasierung etwaige Nachlässigkeiten in der Vergoldung oder im Schleifen verdecken zu können. Gerade das Gegenteil ist der Fall!

Die Behandlung von echtem Blattsilber mit Chemikalien in der Absicht, der Oberfläche ein buntfarbiges Bild zu geben, ist eine Technik, die viel Feingefühl verlangt und ein großes Wissen über die Art der zu verwendenden Stoffe und deren Wirkung. Man kann bestimmte Stoffe als Dämpfe auf Silber einwirken lassen, man kann sie aber auch im Kontaktverfahren in Anwendung bringen. – Das Silber kann im losen Blatt der Oxidbehandlung unterworfen werden, aber ebensogut getönt werden, wenn es entweder hinter Glas oder auf einem anderen Untergrund, z. B. Holz, Kreidegrund als Polimentversilberung u. a., als Auflage benutzt wurde (Ausführungsmöglichkeiten vgl. Abb. 33 bis 35).

a) Auf Ölgrund angelegtes Silber kann schwefligen Dämpfen ausgesetzt werden, die nach Ablauf einer gewissen Zeit (die auf Erprobung und Erfahrung beruht) das Silber tönen. Für diesen Zweck verwendet man Ammoniumsulfitlösung 10%.

Diese ist fertig käuflich und wird, wie sie geliefert wird, in offenen Schalen zum Verdampfen gebracht. Die Silberfläche wird in ungefähr 20 cm Abstand über die mit Schwefelammonium gefüllten kleinen Schalen gelegt, über alles wird ein Tuch gedeckt oder auch Packpapier, um die Dämpfe zusammenzuhalten. Die Anfärbung der Silberfläche läßt nicht lange auf sich warten. In Abständen sollen Kontrollen erfolgen, um den Fortgang der Tönung festzustellen, die dann, je nach Wunsch, unterbrochen werden kann. Ist die gewünschte Färbung erreicht, so muß die Silberfläche mit verdünntem Zaponlack leicht übersprüht werden (Zaponlack wird mit Aceton verdünnt). Die Fläche ist nun für eine Weiterbehandlung aufnahmefähig.

b) Um loses Silber zu tönen, wird es zweckmäßig Blatt neben Blatt auf einem mit Wasser angefeuchteten Löschkarton aufgezogen und dann mit Schwefelammonium (Ammoniumsulfit) besprüht. Die Arbeiten mit diesem Material können nur in gelüfteten Räumen vor sich gehen, weil der Geruch sehr unangenehm ist. Die so behandelten Silberblätter können auf einer Mixtionanlage verarbeitet werden, sie können aber auch hinter Glas mit Gelatinelösung angelegt werden.

Die Vergoldung auf Papier, Pergament usw.

Zur Herstellung von Vergoldungen auf beweglichem leichten Grund, wie Leder, Papier, Pergament, Stoffen und anderem, sind die meisten der bisher beschriebenen Techniken zu massiv, zu derb; man muß deshalb zu diesem Zweck andere Bindemittel wählen, die es auch in großer Auswahl gibt. Für den Maler ist die Vergoldung auf Papier von größter Bedeutung und auch am ehesten von praktischem Wert. Wir denken dabei an die Anfertigung von Diplomen, Ehrenbriefen, an die Herstellung von Saaldekorationen für vorübergehende Zwecke usw.

Für Ehrenurkunden aller Art läßt sich das Gold mit bestem Erfolg anwenden; Schriften in Gold auf farbigem Grund oder farbig auf womöglich gemustertem Goldhintergrund lassen solche Arbeiten sehr wertvoll erscheinen. Bei den Untergründen Papier und Pergament muß die *Ölvergoldung* eine Grundierung von Spirituslack (Schellack) erhalten. Bei der Polimentvergoldung dürfen dann nicht zu starke Grundkreidemassen aufgetragen werden.

Früher wurden diese Arbeiten viel mehr geübt und geschätzt; heutige Maler und Vergolder werden oft nicht wissen, daß gerade diese Technik sehr alt ist, denn als ihre unmittelbare Vorgängerin ist die mittelalterliche und antike Miniaturmalerei anzusehen, wobei unter Miniaturmalerei hier nicht jene – im Barockzeitalter aufgekommene – Art von Malerei zu verstehen ist, bei der irgendwelche Gemälde, vor allem Porträts, in kleinstem Format auf Elfenbein, Gold oder Silber oder sonst einem kostbaren Grund gemalt wurden, sondern die Malerei der sogenannten Illuminatoren, jener Künstler, die sich mit der künstlerischen Ausschmückung der kostbaren Handschriften befaßten, wie sie vor Erfindung der Buchdruckerkunst entstanden und in denen oft auch die Schriften in Gold gemacht wurden.

Leder- und sonstige Buchbindervergoldungen

a) Die Handvergoldung

Unter Handvergoldung versteht man das Vergolden von Bucheinbanddecken, Buchrücken, Schachteln oder sonstigen Buchbinderarbeiten, von Leder, Stoffen aller Art an einzelnen Stellen, die durch Verzierungen charakterisiert sind. Sie besteht im wesentlichen darin, daß auf eine Unterlage, die mit Bindemitteln bestrichen ist, die unter dem Einfluß von Wärme erweichen, dünn geschlagenes Metall, also Blattmetall, mit erhitzten Werkzeugen aufgedrückt und damit auf dem Bindemittel befestigt wird. Da nicht alle Materialien, auf denen derartige Verzierungen aufgebracht werden, von gleicher Beschaffenheit sind, müssen auch die Bindemittel verschieden sein. Es kommt, nachdem unter Umständen noch ein Grundierungsmittel (z. B. für Leder Gelatinelösung) aufgetragen wird, entweder Vergoldepulver (Pudergold) oder Blattgold zur Anwendung. Das flüssige Bindemittel wird mit einem feinen Pinsel so aufgetragen, daß die vorgepreßten Verzierungen ausgepinselt werden, oder es wird mit einem Schwämmchen über die ganze Fläche aufgebracht.

Wachstuch bedarf keines Bindemittels; hier genügt die Anwendung des leicht erwärmten Stempels, um das Gold haften zu machen. Ist dabei der Stempel zu heiß, so löst sich diese Masse rings um den Stempel auf, das Gold klebt an und der Druck erscheint unscharf.

Samt und Seide werden mit Pudergold (Vergoldepulver) vergoldet. Dabei wird abschließend überschüssiges Gold abgeblasen. Siegel auf Ehrenurkunden werden ebenfalls mit Pudergold vergoldet, nachdem sie eine Anlage mit Anlegeöl oder einem guten Lack erhalten haben, der allerdings nur hauchdünn aufgetragen werden darf.

Die Handhabung des Stempels: Der erhitzte Stempel wird mit dem einen Ende ganz leicht aufgesetzt, in wiegender Bewegung über die ganze Länge des Metallstreifens niedergelassen und wieder hochgenommen.

b) Die Preßvergoldung

Unter Preßvergoldung versteht man mittels Maschinen ausgeführten Golddruck, wie er bei Massenherstellungen erfolgreich durchgeführt wird. Die einzelnen Teile werden dabei, im Gegensatz zur Handvergoldung, nicht während des Druckes aneinandergereiht, sondern zu einer einzigen Platte vereint. Sie werden, mit Pappe verklebt, in dem heizbaren Tiegel der besonders gebauten Vergolderpresse befestigt. Der Tiegel und mit ihm die angeklebte Platte werden erhitzt, hierauf das Gold auf den mit Bindemitteln versehenen Stoff gelegt, dieser in die Presse geschoben und der Druck durch Schließen der Presse ausgeführt.

Es gibt große Maschinen, die mit besonderer Kraftanlage betrieben werden, und kleinere, die mit der Hand in Tätigkeit gesetzt werden (vgl. Abb. 40–50).

40 Das Gold liegt auf dem Kissen, ein schmaler Streifen ist geschnitten, der heiße Stempel nimmt das Gold auf.

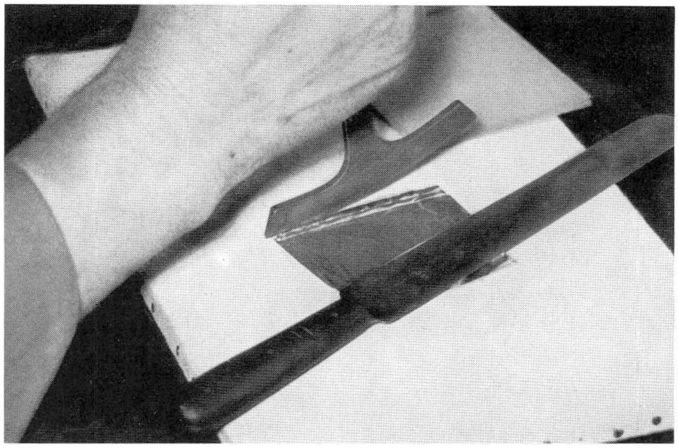

41 Der mit Kunstleder überzogene, gepolsterte Deckel ist mit Kolophonium abgerieben. Die verbleibenden Spuren des Kolophoniums genügen dem Gold als Haftgrund. Der heiße Stempel drückt das Gold auf den Deckel und bewirkt seine Haftung. Das überschüssige Gold wird mit Watte abgerieben.

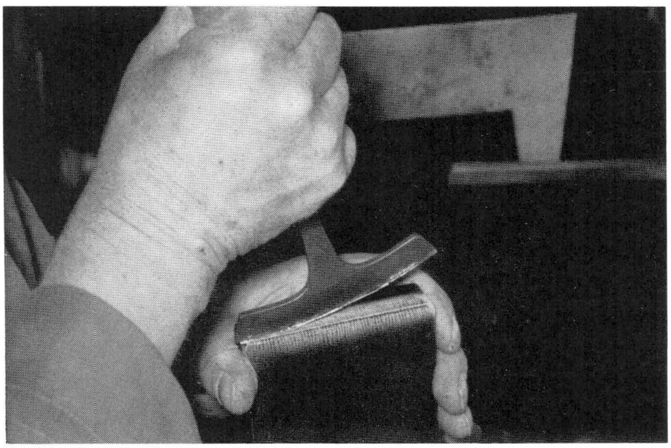

42 Zum Druck bedient man sich entweder Platten oder einzelner Schriften. Hier wird aus Schrifttypen ein Schriftsatz hergestellt, der auf einer Unterlage befestigt wird.

43 △

44 ▽

43 Zum Druck bedient man sich etwa 7 mm großer Schriften aus Messing oder Rotguß. Dieses Bild zeigt den aufgehefteten Schriftsatz, der in eine Pappe eingepreßt wird. Der ausgerichtete Schriftsatz wird mit einem Bindemittel an den Tiegel geklebt, wobei man mit Unterlagen nachhelfen muß, um eine gleichmäßige Preßtiefe zu erreichen.

44 Ein Lederblatt ist aufgelegt. Ihm wurde als Bindemittel Kolophonium aufgestäubt. Auf dem Lederblatt liegt ein Goldblatt. Der Schlitten wird nun in die Presse geschoben.

45 Der Hebel wird herunterge-drückt.

46 △

47 ▽

46 Der Schlitten wird herausgezogen, er zeigt nun den eingepreß-ten Schriftsatz.

47 Das überschüssige Gold wird mit Watte abgeputzt. Die Schrift steht klar in ihrer Pressung.

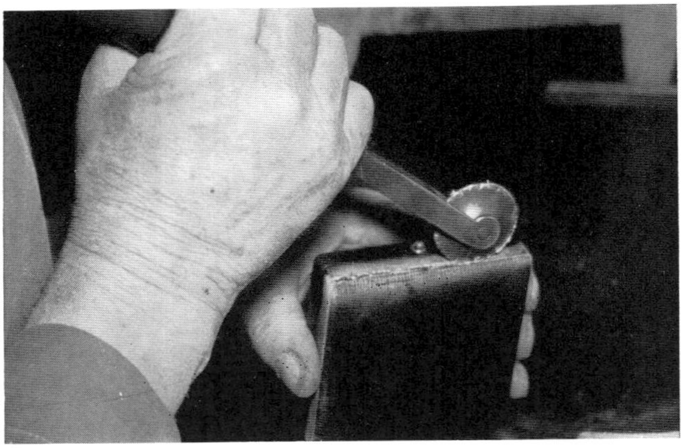

48 △

49 △

50 ▽

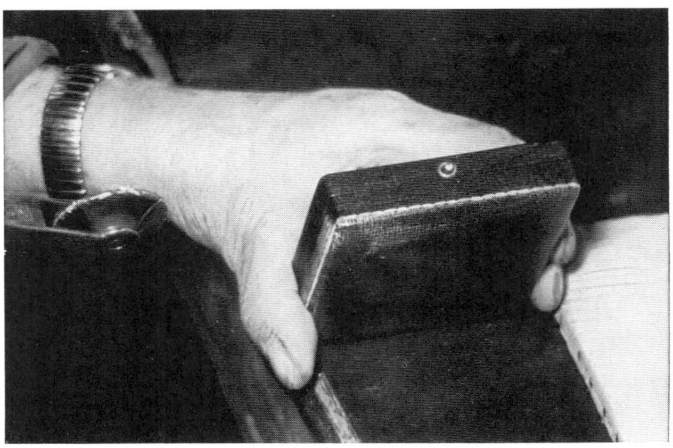

48 Das Blattgold wird mit dem Rädchen vom Kissen aufgenommen.

49 Der mit Kolophonium abgepuderte Deckel wird mit einer Ornamentlinie versehen.

50 Die Vergoldung ist fertig. Das überschüssige Gold wird mit Watte abgerieben.

Aufbau von Flächenvergoldungen – Anlegen des Goldes aus dem Heft

51 Mit dem Anschießer wird das Gold aus dem Heft gezogen, auf den Mixtiongrund gelegt und das Heft darunter weggezogen.

52 Das Gold wird geglättet und dabei leicht angedrückt.

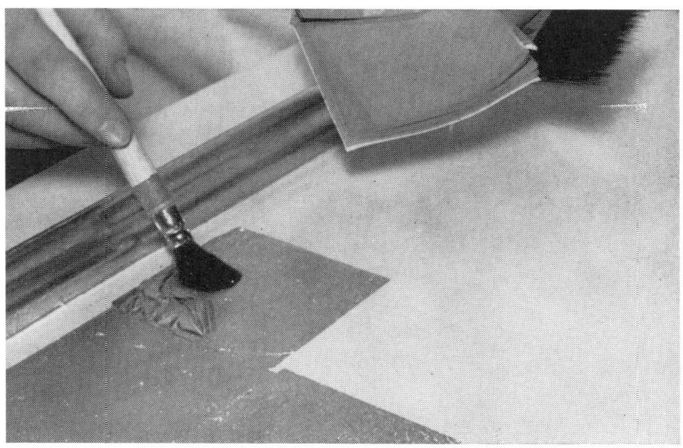

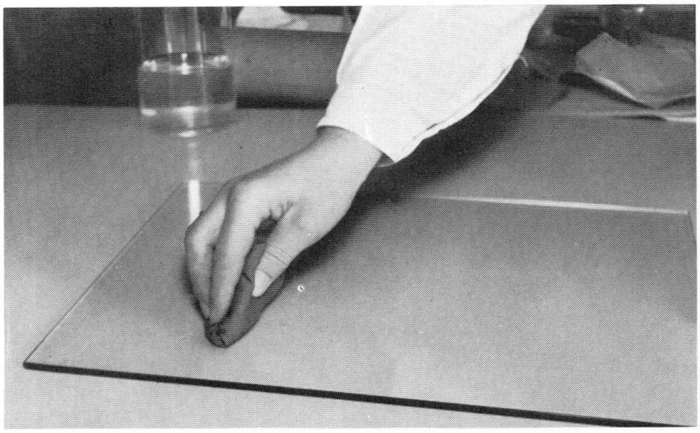

53 Das saubere Glas wird mit Mixtion eingerieben.

54 Das Gold wird aus dem Heft heraus auf die Mixtionanlage gelegt und zum Schluß mit dem Pinsel geglättet.

Hinterglasvergoldung mit Hausenblase (in Wasser)

55 Das Blattgold wird mit Löschpapier aus dem Buch gehoben.

56 Nachdem das Gold auf die mit einer Hausenblasenlösung genäßte saubere Glasfläche gelegt und abgelöscht wurde, wird das Löschpapier abgehoben.

57 Das getrocknete Gold wird mit Watte vorsichtig poliert.

Ölvergoldung mit Transfergold (Sturmgold)

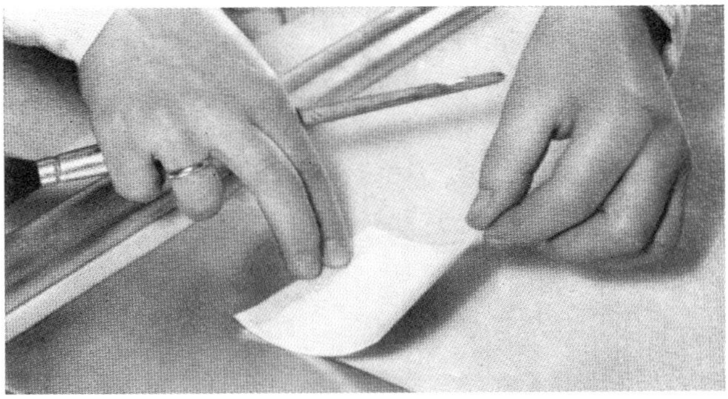

58 Das Seidenpapier mit den Goldblättchen wird genau auf den mit Mixtion vorbereiteten Grund gelegt.

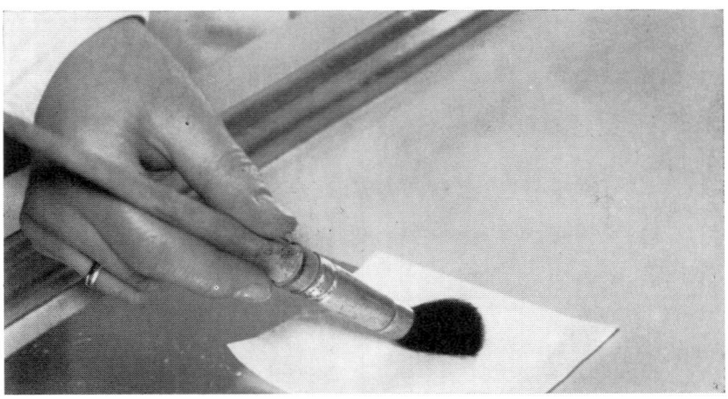

59 Mit leichtem Druck wird das Gold festgelegt.

60 Zum Schluß wird das Goldblättchen sauber geglättet.

Herstellung von Blattgold

61 Zurichter beim Schlagen mit dem Federhammer.

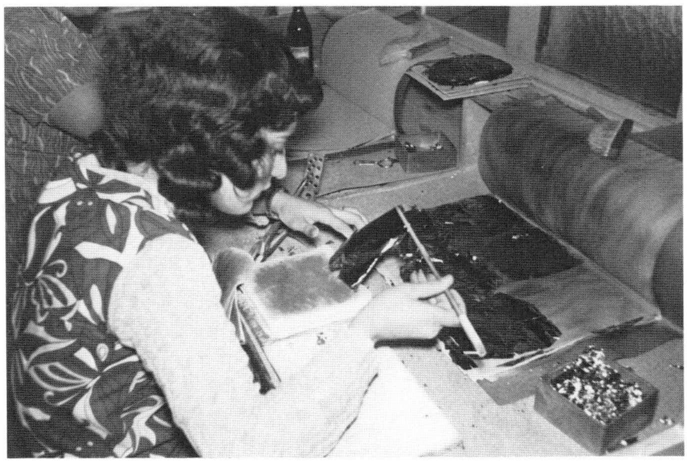

62 Zurichterin beim Auslegen der Goldfolien nach dem 2. Schlagprozeß mit dem Federhammer.

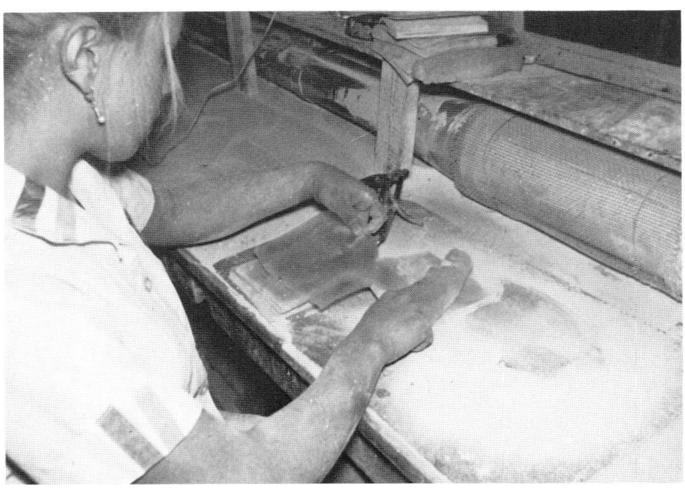

63 Bräunerin beim Einstauben der Formen vor dem Einfüllen mit Gold.

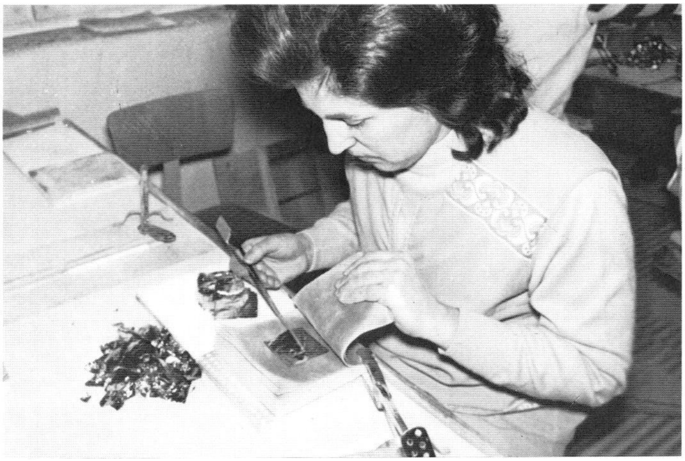

64 Einfüllerin beim Einlegen vor dem letzten Handschlagprozeß.

65 Goldschläger bei der Arbeit.

66 Halbautomatische Goldschlagemaschine, mit der heute das Handschlagen für Blattgold weitgehend ersetzt wird.

67 Blattgoldbeschneiderin beim Zuschneiden der Goldfolien.

Lackierung auf Blattmetallgrund

Auch Vernis-Martin-Lackierung genannt, war sie früher einmal sehr geübt und geschätzt, wird heute aber nur noch wenig angewandt. Die Vorbereitungsarbeiten sind dieselben wie bei der lackierten Bronzierung. Auf glatten Gegenständen – meist kommen ja nur kleine Metallsachen dafür in Frage – wird ohne weiteres Goldgrund aufgetragen; rauhere müssen erst durch die oben geschilderten Vorarbeiten geglättet werden. Als Goldgrund nimmt man aber nicht reines Mixtion, sondern eine Mischung gleicher Teile Mixtion und guten, nicht spröden Kopallacks. Wenn dieser Grund entsprechend getrocknet ist, wird in der bekannten Weise das Metall aufgelegt: Gold, Silber oder Kupfer, was eben gewünscht wird. Echtes Gold zu verwenden, wäre unnötiger Luxus, weil die Arbeit doch lackiert wird und deshalb das billigere Kompositionsmetall den gleichen Dienst leistet. Nur beachte man, daß dieses Metall, ebenso Silber und Kupfer, nicht so dünn geschlagen ist wie Blattgold und deshalb eines stärker klebenden Goldgrundes bedarf. Man soll den Grund nicht allzusehr trocknen lassen.

Ist das Metall aufgelegt, so läßt man die Arbeit einen Tag lang ruhig stehen, damit der Grund gut durchtrocknen kann. Man kehrt darauf nochmals ab, bringt die Gegenstände für einige Stunden in den auf etwa 25 Grad Celsius erwärmten Lackierofen und läßt sie anschließend in Ruhe auskühlen. Hierauf kommen dann die Lackaufträge.

Lackiert wird drei- oder, bei ganz feinen Sachen, viermal; zwei- bis dreimal mit bestem Schleiflack, darauf nochmals mit bestem, sogenanntem Überlauflack. Zuletzt wird mehrere Male mit Hirschhornpulver oder Zigarrenasche abgezogen und dann mit dem Handballen, der mit einer Spur Olivenöl befeuchtet ist, sowie etwas Tripel oder Hirschhornpulver abpoliert. Auch die sogenannten Polierwasser und Polierpasten sind dazu gut anwendbar. Jeder Lackauftrag muß für sich bei hoher Temperatur – 100 bis 150 Grad Celsius, je nachdem, wie sie der Lack verträgt – im Ofen getrocknet werden. Ebenso ist jeder Lackauftrag vor Beginn des folgenden mit Bimssteinpulver, Filz und Wasser sauber abzuschleifen, abzuziehen. Nur wenn man drei Schleiflackaufträge gibt, bringt man den dritten ohne vorheriges Abziehen an; dieser dritte aber muß dann vor dem Überlauflack abgezogen werden. Natürlich dürfen hierbei keine Ekken und Kanten durchgeschliffen werden; es ist daher mit größter Sorgfalt zu arbeiten.

Auf Blattsilber läßt sich Schleiflack, der auch in den hellsten Sorten noch gelblich gefärbt ist, allein nicht gut anwenden, weil er den weißen Silberton stark beeinträchtigen und das Silber zum Verfärben bringen würde. Man nimmt hierfür eine Mischung aus gleichen Teilen allerhellstem Schleiflack und bestem Dammarlack, lackiert auch nur einmal damit und läßt den Überlauflack am besten ganz weg.

Farbenzusätze werden auch zuweilen bei lackiertem Gold gewünscht; man muß dann dem Lack feinstgeriebene lasierende Farben, am besten Tubenfarben, zusetzen, je nach dem gewünschten Ton. Für gelbe Töne nimmt man Indischgelb oder Terra di Siena, für rötliche Töne gebrannte Siena oder Karmin, für grüne Pariser Blau oder Kobalt, für braune Van-Dyck-Braun. Man rechne aber damit, daß öfter lackiert wird, sei also in der Zugabe des Farbstoffs sehr sparsam, damit nicht infolge der mehrfachen Aufträge der Ton zu dunkel wird. Das Lackieren mit diesen gefärbten Lacken erfordert die größte Aufmerksamkeit, damit der Ton gleichmäßig wird. Es gehört eine ziemliche Übung dazu, um diese Arbeiten mit einem guten Ergebnis ausführen zu können. Immer aber bedenke man, daß der Farbzusatz nicht so stark werden darf, daß er der fertigen Arbeit den Charakter des lackierten Metalls nimmt. Wenn auch durch den Lack an sich schon zum Teil der Metallglanz verlorengeht, so bleibt doch immer die eigene Feinheit des Tons, und diese darf man nicht durch starke Farbenaufträge verdecken.

Die Vergoldung hinter Glas

Die Vergoldung hinter Glas wird heute gewöhnlich vom Schildermaler und meist in besonderen Werkstätten ausgeübt. In kleineren Orten kommt es oft vor, daß der Maler auch Glasschilder herstellt. Auf jeden Fall bietet diese Technik eine leichte Gelegenheit, das Arbeitsfeld des Malers um oft sehr interessante Aufgaben zu erweitern.

Meist sind es Schriften, Firmenschilder, bei denen die Hinterglasgoldtechnik angewandt wird. Wir nehmen deshalb auch hier eine Firmenschrift als Beispiel an, um daran die einzelnen Vorgänge zu erläutern. Sonstige Arbeiten dieser Art können ähnlich ausgeführt werden, gleich ob es sich um Werkstattanfertigungen oder um fest montierte Elemente handelt.

Die Glanzvergoldung

Wichtig ist die Beschaffenheit des Glases. Enthält es Unebenheiten, Bläschen, Körner usw., oder ist es stark gewellt, dann kann das Gold nicht so zur Geltung kommen, wie es bei gutem Glas der Fall ist. Es soll deshalb nur ganz reines Glas gewählt werden; am besten ist immer Kristall-Spiegelglas. Verwendet man aber gewöhnliches, dünnes Glas, so ist die Wölbung des Glases zu beachten. Die Wölbung muß nach außen gerichtet sein, die Vergoldung also auf die hohle Seite kommen.

Die Vorbehandlung des Glases

Die zu vergoldende Glasseite wird gründlich gesäubert, also blankgeputzt, wozu man in Spiritus angerührte, fein geschlämmte Kreide verwendet oder auch ähnliche geeignete Glasputzmittel. Die geputzte Scheibe soll nicht mehr mit den Fingern berührt werden.

Die Zubereitung des Klebemittels

Für die Vergoldung wird Hausenblase oder eine Abkochung aus Quittenkernen oder farblose Gelatine verwendet. Gelatine ist heute das bevorzugte Klebemittel für Hinterglasvergoldungen. Man löst sie in geringer Menge in heißem Wasser auf: auf 1 Liter etwa ein Drittel einer ganzen Tafel. Das Wasser braucht nicht zu kochen; es schadet aber nichts, wenn es kocht. Am zweckmäßigsten ist jedoch destilliertes Wasser, weil es keine Kalkflecken hinterläßt. Die Gelatinelösung läßt man gut auskühlen, filtriert sie hierauf durch drei- bis vierfach gelegtes gewöhnliches Filterpapier und macht dann mit dieser Anlegeflüssigkeit zuerst eine Probe an einem besonderen Glasstück, um zu sehen, ob sie die richtige Stärke hat oder ob noch etwas zu verbessern ist.

Man trägt zu diesem Zweck etwas von der Lösung auf das Glas auf, legt ein Stückchen Blattgold auf und läßt dies ganz ruhig einige Minuten liegen. Dann nimmt man ein Stück Löschkarton, legt es auf das Gold und drückt fest an. Der Löschkarton saugt die überflüssige Gelatine auf und bewirkt so schnelleres Trocknen. Das Abtrocknen mit Karton kann nach Bedarf so lange wiederholt werden, bis keine Lösung mehr auf dem Glas ist. Nach dem Trocknen reibt man das Gold, anfangs leicht, dann kräftiger, mit einem geballten oder um den Finger gewickelten Stück Seidensamt. Dieses Reiben mit Samt ist das Polieren des Goldes. Alle Fältchen im Gold werden dadurch beseitigt und es entsteht der gewünschte, nur durch Hinterglasvergoldung zu erreichende tiefe Goldglanz. Das probeweise Polieren läßt erkennen, ob das Gelatinewasser zu schwach ist oder nicht. Ist es zu schwach, so läßt sich das Gold nicht polieren, sondern reibt sich mit dem Samt ab. In diesem Fall machen wir die Lösung nochmals heiß und fügen nach Bedarf Gelatine hinzu, oder wir machen eine besonders starke Lösung und mischen diese mit der schwachen. In beiden Fällen muß die Lösung wieder filtriert werden. Dann wiederholen wir die Probe und polieren erneut. Wenn es diesmal ohne Beanstandung geht und wir damit fertig sind, drehen wir das Probeglas um und betrachten das Gold genau, denn jetzt läßt sich beurteilen, ob die Gelatine zu stark war, da sich in diesem Fall die Goldschicht nicht als klarer, fleckenloser Spiegel zeigt, sondern mit mehr oder weniger undurchsichtigen, weißlich scheinenden Flekken belegt ist. Bei Gelatine kommt es nicht so leicht vor, daß die Lösung so stark ist, daß solche Flecken entstehen, bei Hausenblase aber sehr leicht, und das ist mit ein Grund, der gegen die Verwendung der Hausenblase spricht. Ist das Gelatinewasser wirklich zu stark gewesen, so muß man es eben schwächer machen, indem man heißes Wasser hinzusetzt. Auch da muß wieder filtriert werden. Zweckmäßig ist, destilliertes Wasser zu nehmen, weil Leitungswasser – auch in abgekochtem Zustand – weißliche Flecken geben kann. Die Gelatinelösung kann nicht beliebig aufbewahrt werden; man muß sie von Zeit zu Zeit neu zubereiten.

Die Vergoldung

Die geputzte Glasscheibe wird auf einen mit Tuch oder Papier abgedeckten, ebenen Arbeitstisch gelegt. Die Zeichnung wird dabei spiegelverkehrt untergelegt. Die in der untergelegten Zeichnung sichtbaren zu vergoldenden Teile werden nun mit dem das Gold aufnehmenden Klebemittel angelegt. Das Anlegeöl darf keine Farbe haben. Wenn Mixtion angewandt wird, dann kann die Vergoldung nur als Mattvergoldung stehen. Das Mixtion wird leicht verdünnt und ganz fein und mager auf die Fläche verteilt. Es darf nur ein Hauch von Anlegeöl auf der Fläche vorhanden sein. Da dieser Hauch auch viel rascher trocknet, muß mit der Vergoldung früher begonnen werden, als es sonst bei Mixtion üblich ist. Den richtigen Zeitpunkt muß man an einem Probestück herauszubekommen suchen. Bei einiger Erfahrung kann man auf diese Probe verzichten.

Die am meisten verwendete Gelatinelösung verlangt eine ganz andere Vergoldeweise als die vorerwähnte. Vor allen Dingen wird durch die Verwendung des wäßrigen Leimbindemittels ein weit höherer Glanz des Goldes erzielt. Die Stellen, welche hinter Glas zu vergolden sind, werden mit der Gelatinelösung angelegt. Wir nehmen dazu flache, weichhaarige Pinsel, die völlig frei von Unreinlichkeiten sein müssen. Sie dürfen auch keine Haare fahren lassen. Die Lösung wird nicht sparsam aufgetragen, aber auch nicht so fett und saftig, daß die Goldblättchen darin schwimmen. Auf die nasse Gelatineanlage wird das Gold mittels Anschießer oder auch mit einem Stück Löschkarton so glatt wie nur möglich aufgelegt. Das glatte Auflegen des Goldes ist wichtig, wenn eine saubere Arbeit erzielt und gleichzeitig auch Gold und Zeit gespart werden sollen. Das Gold ist dann viel leichter zu polieren, wenn es glatt anliegt. Wenn das Gold viele Fältchen bildet, dann reiben sich zu viele Goldteilchen ab, und es muß nochmals Gold aufgelegt werden. Die Vergoldung erscheint dann nicht klar genug. Ist das Gold angelegt, so drücken wir es mit Löschkarton fest an das Glas an. Der Karton wird am besten genau zugeschnitten; er zieht die überschüssige Gelatinelösung, vor allem auch das Wasser, auf und bewirkt ein rascheres Trocknen und Haften des Goldes am Glase. Hat ein Kartonstück viel Flüssigkeit angesaugt, dann legen wir es beiseite und wiederholen das gleiche mit einem frischen Stück, bis die ganze Gelatinelösung beziehungsweise das Wasser abgesaugt ist. Mit dem Auflegen des Löschkartons muß man jedoch behutsam vorgehen. Während des Abtrocknens des Goldes darf es sich nicht verschieben, sonst entstehen feine Risse, die wieder eigens vergoldet werden müssen (s. auch S. 109). Schon während der Behandlung mit Löschkarton erhält das Gold einen schönen Glanz. Der wirkliche Hochglanz wird aber erst durch das bereits bei der Probe erwähnte Polieren erzielt. Es wird also die vergoldete Fläche möglichst in immer gleicher Richtung so lange unter mäßigem Druck mit einem Stückchen Samt gerieben, bis ein tadelloser, gleichmäßiger Hochglanz erreicht ist. Ein einmaliges Vergolden ergibt jedoch nie einen deckenden Überzug, weil die Goldblättchen sehr dünn sind. Es bleibt nichts anderes übrig, als das Ganze noch einmal in gleicher Weise mit Gold zu überlegen und nochmals zu polieren.

Je nach der Größe der zu vergoldenden Flächen wird man entweder die ganze Fläche oder auch nur Teile von Flächen nacheinander behandeln.

Es wird also erst eine Fläche angelegt und vergoldet und so stückweise weiterverfahren, bis alles belegt ist. Auf keinen Fall darf die Gelatine eintrocknen; es entstünden sonst auf dem Glas Flekken, die sich in der Vergoldung zeigen würden. Das gilt sowohl bei flächiger Goldanlage als auch bei Schriften. Bei größeren Schriften ist auf jeden Fall stückweise zu verfahren oder die Vergoldung buchstabenweise durchzuführen. Bei stückweiser Vergoldung ist auch darauf zu achten, daß das Glas vor der Anlage mit Gelatine jeweils wieder auf Sauberkeit nachgeprüft wird. Es kommen immer wieder Staub, vielfach auch Stoffäserchen auf das Glas, die unbedingt entfernt werden müssen. Das Nachputzen ist also immer vorzunehmen. Wenn zweimal vergoldet und poliert ist und keine Ausbesserungen mehr notwendig sind, wird die Vergoldung übertragen, das heißt, es wird die Schrift oder sonstige Zeichnung mit einem Schutzüberzug versehen. Da die Vergoldung nur roh aufliegt und keine scharfen Konturen bildet, wird es notwendig, die Zeichnung auf die Vergoldung aufzupausen.

Die fein mit dem Pausrädchen oder der Pausnadel gelochte Pause wird auf das Gold aufgelegt und mit dem Zinkweiß- oder auch Graphitbeutel überpudert; damit ist die Zeichnung wieder spiegelverkehrt, also negativ aufzulegen. Bei feineren Schriften oder Formen legt man unter die Zeichnung Blaupapier oder anderes Kopierpapier auf und fährt die Zeichnung mit einem Stift genau nach. Die Zeichnung markiert sich dadurch in der Vergoldung. Wir haben dann eine genaue Kopie der Zeichnung auf dem Gold vor uns.

Ein anderes Verfahren besteht darin, die Zeichnung auf der Pause – auf der richtigen Seite! – mit ungeleimter Farbe, etwa Rot, Weiß oder Blau, sauber anzugeben, also mit dem Pinsel die genauen Buchstabenumrisse aufzuzeichnen, dann die Pause genau passend auf das Gold zu legen und auf der Rückseite mit einem Tuch zu reiben. Die ungeleimte Farbe überträgt sich durch die Reibung auf das Gold.

Es ist einleuchtend, daß die Zeichnung genau ausgeführt sein muß und auch die Übertragung so scharf zu sein hat, daß eine saubere Arbeit herzustellen ist. Die umgepauste Zeichnung übermalen wir mit einer schnell und hart trocknenden Farbe; am besten ist eine nicht zu matte Lackfarbe, bestehend aus Bleiweiß und hellem Ocker, in Firnis dick gerieben und mit Schleiflack und etwas Terpentinöl verdünnt. Zum Schreiben werden halblange, gute Marderpinsel verwendet. Man legt damit alles an, was man in Glanzgold wünscht. Soll die ganze Schrift Glanzgold sein, so überlegen wir die ganzen Buchstaben oder auch Teile einer Zeichnung. Wenn nur eine Kontur in Glanzgold stehen soll, dann ist eben die Kontur anzulegen.

Wenn die Hinterlegfarbe trocken und hart ist, was höchstens einen Tag Zeit erfordert, dann muß das noch immer neben der Zeichnung liegende überflüssige Gold entfernt werden. Das ist sehr schwierig. Man kann dazu ein weiches, angefeuchtetes Rehleder benützen, oder das Gold wird angehaucht und unmittelbar darauf mit einem Watteballen abgerieben. Bei zu starker Gelatinelösung haftet das Gold sehr fest am Glase und ist schwer abzureiben. Es gibt dafür ein einfaches Mittel: man schüttet in ¼ Liter Wasser einen Kaffeelöffel voll gewöhnlicher Salpetersäure, feuchtet damit den Watteballen leicht an, und das Gold läßt sich daraufhin abreiben.

Nun ist die Glanzvergoldung fertig, und wir brauchen nur noch etwaige Unsauberkeiten auszugleichen. Zu diesem Zweck wird die Scheibe senkrecht aufgestellt, am besten auf eine Staffelei. Die Zeichnung wird nun genau nachgesehen; wo man mit der Schreibfarbe über den Zeichnungsumriß hinausgekommen ist, ist auch das Gold stehengeblieben. Dieses muß durch Schaben mit einem scharfen, feinen Federmesser oder auch mit besonderen Radierhölzchen, die aus hartem Holz geschnitzt sind, entfernt werden. Man nennt dies auch das Radieren oder Säubern. Üblich ist das Radieren mit scharfem Farbmesser, mit dem am Lineal entlang scharf angeschnitten wird. Die über den Schnitt stehenden überflüssigen Teile lassen sich hiermit leicht abschieben. Die Zeichnung steht dann sehr sauber da. Wenn nur Glanzgold zu machen war, dann bleibt noch übrig, die Vergoldung gegen äußere Einflüsse zu schützen; dies geschieht durch einen Auftrag von gut deckender fetter Ölfarbe. Die Ölfarbe wird zweimal aufgestrichen. Sie kann ganz so getönt sein, wie der Hintergrund für das Gold gewünscht wird.

Die Vergoldung mit Gelatinelösung kann nur auf liegenden Gegenständen ausgeführt werden. Zu vergoldende Schaufensterbeschriftungen können nur mit der Mixtionvergoldung durchgeführt werden, weil die Gelatine für Glanzvergoldung ablaufen würde.

Bei Goldschriften, die mehrmals auf mehrere Schaufenster angebracht werden, bedient man sich der Siebdrucktechnik.

Arbeitsgang: Vom Schriftzug wird eine Siebdruckschablone angefertigt. Man reinigt die Fläche hinter Glas wie üblich. Danach wird die Fläche der Goldschrift mit Mixtion angelegt und mit einem Papier-Taschentuch abgezogen. Es sitzt so eine gleichmäßige Schicht darauf. Am nächsten Tag wird die Fläche hinter Glas vergoldet. Nach Durchtrocknung wird mittels Siebdruckschablone die Schrift spiegelverkehrt über das Gold gedruckt. Nach zwei Tagen, wenn die Druckfarbe erhärtet ist, wird das überstehende Gold mit Borstenpinsel und Terpentin-Wattebausch entfernt. Mit dem Fensterleder wird die gesamte Fläche rein poliert. Bei Einzelschriften kann man die Schrift aus Stanniol ausschneiden, den Grund anlegen, vergolden und mit Farbe (Ockerton) überlegen. Danach wird die Folie abgezogen.

Die Mattvergoldung

Häufig wird neben Glanzgold auch noch matte Vergoldung angebracht. Dazu sind besondere Arbeitsgänge notwendig, die im folgenden beschrieben werden.

Die einfache Mattvergoldung kann auf vielerlei Weise ausgeführt werden; in einfachster Form dadurch, daß man statt Gold lediglich Goldbronze nimmt, die man in Tinktur anrührt und aufstreicht. Wird eine Schrift nur in Mattgold gewünscht, so verfährt man so, daß man die Schriftpause spiegelverkehrt unterlegt und mit der Hintergrundfarbe den Grund auslegt, die Schrift also ausspart. Nach gutem Trocknen stelle man das Glas gegen das Licht und bessere aus, wo Unsauberkeiten vorhanden sind. Dann überstreicht man einfach mit der angerührten Bronze. Ist diese fast trocken, so reibt man nochmals trocken Bronze auf, läßt wieder gut trocknen und streicht dann mit der Hintergrundfarbe fertig. Eine andere Art Mattgold ist neuerdings auch mit einer sogenannten Goldhaut herzustellen, einem dünnen Bronzefilm, der ähnlich wie Blattmetall auf spezielle Bindemittelanlage angeschossen wird. Dieser Film hat den Vorteil, daß man die Formen aus dem Film ausschneiden kann, so daß keinerlei Ausbesserungsarbeit notwendig wird. Das Spezialbindemittel muß allerdings von der Herstellerfirma der Goldhaut besonders bezogen werden. Die Arbeitsweise entspricht ganz der bei der Glanzvergoldung beschriebenen Art, nur fällt das Samtpolieren weg. Die Goldhaut ist undurchsichtig.

Die feinen Bronzekörperchen sind ganz dicht in ein Bindemittel eingebettet; der Film entspricht etwa dem eines dünnen Zelluloidfilms. Für alle Mattgoldbeschriftungen, wie auch für ganze Mattgoldhintergründe ist bei den hohen Goldpreisen und auch wegen der Goldknappheit diese Goldhaut zur Verwendung zu empfehlen. Bei besseren Arbeiten wird allerdings auch für das Mattgold echtes Gold verwendet. Hier gibt es wieder verschiedene Verfahren.

1. Verfahren

Am umständlichsten, deshalb auch wenig im Gebrauch, ist die Methode, nach der man die Mattgoldstellen zuvor mit Flußsäure mattätzt. Für die Mehrzahl der Arbeiten ist dieses Verfahren auch viel zu teuer, als daß es allgemeine Anwendung finden könnte. *Wenn besonders gute Arbeit verlangt wird,* kommt häufig eine spezielle Art der Ätzung in Anwendung, die sogenannte *Körnig-Ätzung*. Hierbei werden die in Frage kommenden Teile nach Abdeckung der übrigen Flächen mit Schmirgelpulver oder feinem Schrott bestreut und mit Flußsäure (präparierter, nicht reiner Säure!) dünn übergossen. Die Säure zerstört die glatte und blanke Oberfläche des Glases und macht sie matt und körnig.

Ist die Ätzung beendet – gleichgültig ob nun körnig oder nur einfach matt geätzt wurde –, wird bei der Glanzvergoldung Gelatine angelegt, das Gold angeschossen und dann – wie beim Glanzgold – hinterschrieben, beziehungsweise hintermalt. Bei dieser Gelegenheit ist darauf hinzuweisen, daß man durch breiteres Anlegen dieser Farbe ohne weiteres eine Kontur in Glanzgold erzielen kann; vorausgesetzt ist allerdings, daß die Goldanlage breit genug über den geätzten Teil hinausragt.

2. Verfahren

An Stelle des Ätzens oder der Gelatineanlage benützt man zum Herstellen des Mattgoldes eine Wachslösung, die auf die betreffenden Stellen aufgetragen wird. Hierbei muß aber der Schrifthintergrund oder die sonstige Zeichnung zuerst herausgelegt, die Schrift also ausgespart werden wie bei der Bronzemattierung. Ist dies geschehen, gut getrocknet und, wo es nötig war, ausgebessert, so löst man gebleichtes Wachs in Terpentinöl auf. Dies ist sehr einfach: man braucht nur das Wachs fein zu schaben und in einem sauberen Gefäß mit Terpentinöl zu übergießen. Das Gefäß deckt man gut zu und stellt es an einen warmen Ort, jedoch nicht auf direktes Feuer. Nach 5 bis 6 Stunden wird sich das Wachs völlig gelöst haben.

Der Wachslösung setzt man ein etwa gleiches Quantum hellsten Lack, Schleiflack oder dergleichen, zu, verrührt gut und hat dann das fertige Mattwachs, das, wenn es etwa zu dick sein sollte, nur mit Terpentinöl verdünnt zu werden braucht.

Mit diesem Wachslack überstreicht man die für

Mattgold ausgesparten Teile der Arbeit und kann nun dem Gold ein beliebiges Aussehen geben. Trägt man das Wachs glatt auf, so erhält man eine gleichmäßig matte, ruhige Vergoldung. Nimmt man aber einen Wattebausch oder einen Leinwandballen und übertupft damit die Anlage, so wird das Wachs hiervon ein feines Korn erhalten und das aufgelegte Gold natürlich ebenfalls. Nimmt man aber einen Borstenpinsel oder einen feinlöcherigen, festen Schwamm und tupft damit das Wachs, so wird das Korn entsprechend gröber und stärker.

Nach Vollendung dieser Mattanlage lassen wir gut trocknen und legen dann das Gold mit Gelatinelösung auf. Poliert wird natürlich nicht, sondern das Gold nur gut angedrückt und mit Watte abgerieben.

In der Regel nimmt die Mattierung die Gelatinelösung schwer an, läßt sie perlen. Um dies zu vermeiden, reiben wir vor der Gelatineanlage die Mattierung mit einem weichen Leder ab, das mit halb Wasser und halb Spiritus befeuchtet ist. Beim Mattvergolden auf diese Wachsanlage genügt meistens einmaliges Goldauflegen. Sollte die Vergoldung jedoch lückenhaft sein oder Risse zeigen, so muß noch ein zweites Mal Gold angeschossen werden. Man kann hierzu, wenn man sparen will, sogenanntes Zwischengold benützen; doch achte man darauf, daß es die gleiche Farbe hat wie das erste Gold.

Nach Beendigung der Vergoldung wird zuerst die Schrift allein mit einer gelblich getönten Lackfarbe und dann nochmals alles mit der betreffenden Hintergrundfarbe überstrichen.

3. Verfahren

Eingangs des Kapitels »Vergoldungen« wurde auf die einfache Mattvergoldung mit Mixtion hingewiesen. Es gibt hier noch ein weiteres, einfacheres Verfahren, bei dem ohne Rücksicht auf die zu vergoldenden Teile die ganze Scheibe oder wenigstens die Zeichnungsteile der Scheibe mit verdünntem Mixtion ganz mager eingerieben werden. Das Mixtion wird mit Terpentinöl etwas verdünnt und das Aufreiben dieser Flüssigkeit mit Wattebausch, der mit nicht faserndem Leinen umwickelt ist, vorgenommen. Nach der Trocknung, die, wie bei Mixtion üblich, nicht vollständig sein darf, wird das Gold ohne weiteres auf die Anlage angeschossen. Man läßt das Gold austrocknen, paust die Zeichnung – wie immer spiegelverkehrt – auf, deckt das Ornament oder die Schrift mit Schleiflackfarbe ab, übermalt sie also, läßt sehr gut trocknen, am besten mehr als einen Tag, und entfernt dann das überschüssige Gold.

Die Trocknung der Überdeckung muß sehr gut sein, denn von der Mixtionanlage läßt sich das überschüssige Gold nicht einfach abheben. Man befeuchtet Watte mit Wasser, gibt etwas Kreidepulver auf die Fläche und reibt nun das Gold ab. Unter mäßigem Druck läßt sich die Entfernung auf diese Weise gut bewerkstelligen.

An Stelle von Mixtion kann auch verdünnter Lack verwendet werden, am besten verdünnter Schleiflack.

Diese Mixtionanlage dient auch dazu, etwa gewünschte Schraffierungen im Gold anzubringen. Man braucht hierfür nur einen grobfaserigen Stoff, derbe Leinwand etwa, flach zusammenzulegen und damit die nasse Anlage in einer bestimmten Richtung zu überziehen. Um eine kräftigere Schraffur zu erreichen, kann man die Leinwand um einen Stahlkamm legen und damit eventuell mit Hilfe eines Lineals durchziehen. Durch gröbere oder feinere Zahnung – eventuell bei Stahlkämmen durch Ausbrechen einzelner Zähne – lassen sich die verschiedenartigsten Schraffierungen erreichen.

Man sieht aus diesen kurzen Andeutungen, daß die Technik sehr abwechslungsreich und auch noch entwicklungsfähig ist; sie läßt sich in der mannigfachsten Weise ausnützen, ohne in der Ausführung besonders schwierig zu sein, und gehört deshalb unstreitig mit zu den dankbarsten Arbeiten des Malers und Vergolders.

4. Verfahren

Eine besondere Art dieser Mixtion- oder Lack-Mattvergoldung besteht noch darin, die Anlage nicht abzuwischen, dafür aber mit Terpentinöl zu verdünnen und in die nasse Anlage feinstes Mastix- oder Sandarakpulver zu streuen. Dann wird aber nicht direkt auf die Anlage vergoldet, sondern wir lassen diese völlig trocknen und legen das Gold mit Gelatine auf. Wir erreichen dadurch eine körnige Vergoldung, die bei geschickter Ausführung der Mattvergoldung auf körnig geätztem Glase ziemlich nahekommt. Besser ist es, Lack als Mixtion zu benützen. *Zu beachten ist unbedingt,* den Grund zuerst herauszufassen, weil sich der hartgetrocknete, stärkere Lackauftrag mit dem eingestreuten Harzpulver nicht so leicht vom Glase entfernen läßt wie die dünne Mixtionschicht. Wo also neben einer in dieser Weise ausgeführten Mattierung einzelne Zeilen oder die Konturen der Schrift in Glanzgold gewünscht werden, muß diese Arbeit zuvor ausgeführt sein.

5. Verfahren

Dieses Verfahren beruht darauf, daß eine zu starke Gelatinelösung das Glas etwas deckt und das Gold fleckig erscheinen läßt. Man nimmt die Gelatinelösung etwa dreimal so stark wie zur Glanzvergoldung; dieser starken Lösung setzt man dann noch etwas feine Kreide, Zinkweiß oder hellen Ocker zu. Die Mischung wird gut filtriert und dann gleichmäßig auf das gut gereinigte Glas aufgetragen.

Man läßt den Auftrag ruhig eintrocknen, legt das Gold also nicht, wie bei der Glanzvergoldung üblich, in die nasse Anlage an. Die angelegte Scheibe wird erst nach dem Trocknen wieder vorgenommen. Das Gold klebt natürlich auf dieser Gelatineschicht nicht. Es ist auch nicht möglich, anzufeuchten, doch klebt das Gold sofort an, wenn man die zu vergoldende Stelle anhaucht. Die Klebkraft ist dann vollständig ausreichend. Die angehauchte Stelle wird sofort mit dem Gold belegt; wie bei der üblichen Vergoldung wird anschließend das Gold mit Watte abgerieben und mit Schreibfarbe und Schleiflack übermalt. Nach dem Trocknen wird das überflüssige Gold wie bei der Glanzvergoldung abgewaschen. Auch hier müssen jene Teile, die in Glanzgold ausgeführt werden sollen, *vorher fertiggemacht sein!*

6. Verfahren

Eine ziemlich häufig vorkommende Ausführungsart ist das Nebeneinanderstellen von Glanzgold und Mattgold in der Weise, daß durch Schraffierung das eine in das andere allmählich übergeht; mitunter sieht man auch in ähnlicher Weise Gold und Farbe nebeneinandergestellt.

Die Art der Ausführung bei diesem Nebeneinander von Matt- und Glanzgold kann verschieden sein. In der Regel aber wird man guttun, zuerst das Glanzgold fertigzumachen, die Schraffuren durch Überlegen mit der Schleiflack-Schreibfarbe sauber auszuarbeiten und dann, nach dem Abputzen des überflüssigen Goldes, Mattierung aufzutragen und zu vergolden. Welche der vorhin beschriebenen Arbeitsweisen angewendet wird, ist dabei nebensächlich; es eignen sich alle dazu. Will man ein besonders helles und scharfes Matt herausbringen, so legt man mit einer Lackfarbe an, die aus bestem hellen Schleiflack besteht, dem man etwas Zinkweiß und Ocker, auch nur Zinkweiß, oder, wenn das Gold grünlich scheinen soll, Zinkweiß und Pariser Blau zugesetzt hat.

Es kann aber auch in umgekehrter Weise gearbeitet werden, indem man zuerst den Hintergrund mit der betreffenden Farbe sauber herausfaßt und die Buchstaben oder Ornamente ganz blank stehen läßt. Ist dies getrocknet, legt man die matt herauszuarbeitenden Teile an, die Schraffierung recht genau, und läßt wieder trocknen. Darauf legt man dann das Gold, Glanz sowohl wie Matt, auf Gelatine an. Dieses Verfahren hat den Vorteil, daß nur einmal Gold aufgelegt zu werden braucht, weil Glanz- und Mattgold zugleich angeschossen werden; doch läßt sich das Glanzgold nicht ganz so gut polieren, wie wenn man die ganz freie Glasfläche vor sich hat.

Hinweise zur Vergoldung hinter Glas

Wenn man bei einem dieser Metallvergoldungsverfahren das Gold besonders matt haben will, so läßt sich dies leicht erreichen, indem man der Anlage ein entsprechendes Quantum von in halb Terpentinöl und halb Leinöl fein geriebener Kreide, Zinkweiß oder auch hellen Ockers zusetzt. Es entsteht dadurch zwar nur ein etwas mehr deckender Auftrag auf dem Glas, der aber vollständig genügt, um das Gold in der gewünschten Weise zu beeinflussen. Ein anderes Verfahren ist fast noch einfacher und beruht auf der Lichtwirkung, welche das Gold auf waagerecht mattierter Fläche anders erscheinen läßt als auf senkrecht mattierter. Die Ausführung ist folgende: Die Schriftzeile, welche prismiert geschrieben werden soll, wird aufgepaust und dann das Glas mit fast zur Hälfte mit Terpentinöl verdünntem Mixtion angewischt oder angerieben und *waagerecht* abgezogen. Hat das Mixtion angezogen, dann vergoldet man die *ganze* Schrift, nicht, wie sonst üblich, nur die Lichtseite, und poliert das Gold wieder *waagerecht*. Die Zeichnung wird nun auf das Gold gepaust und die Lichtseite, welche man gewöhnlich rechts annimmt, mit der Hinterschreibfarbe gedeckt. Es ist notwendig, genau und scharf zu schreiben; denn radieren oder ausbessern kann man im Kern der Zeichnung nicht; nur an den äußeren Konturen ist das möglich. Ist die Lichtseite sauber geschrieben, so poliert man die andere Hälfte, diesmal aber *senkrecht,* und zwar, um ein tiefes, schönes Matt zu erzielen, mit feingemahlenem Graphit. Dies hat den Zweck, die Glanzseite darzustellen, ohne daß man glanzvergoldet. Die Schattenseite wird hierauf auch gedeckt, die Arbeit ist dann fertig bis auf etwaige scharf zu machende Stellen. Die Wirkung ist genau dieselbe wie bei Matt- und Glanzvergoldung, ist aber schneller fertigzustellen; man spart auch durch das einmalige Vergolden sehr viel Gold. Man hat nur achtzugeben, daß man das erstemal *waagerecht,* das zweitemal *senkrecht* und mit Graphit poliert.

Selbstverständlich lassen sich neben dem Glanz- und Mattgold alle Farbtöne und ebenso alle farbigen Bronzen als Einlagen verwenden. Bronzen rührt man entweder in Tinktur an oder legt das Glas mit Mixtion an und pudert trockenes Bronzepulver auf. In gleicher Weise kann Blattgold wie Blattsilber verwendet werden; nur beachte man, daß Silber stets wesentlich stärker ist als Gold und dementsprechend ein stärkeres Klebemittel, stärkere Gelatine usw. erfordert.

Bildliche Darstellungen in Gold hinter Glas werden in der Art ausgeführt, daß man zunächst die Zeichnung genau in allen Einzelheiten, mit Schattierungen usw., mit einer halbmatten, gut trocknenden und lasierenden Farbe auf das Glas malt. Natürlich muß alles so gemalt werden, daß es von vorne gesehen richtig steht, also auf der Rückseite, auf der man ja malt, seitenverkehrt. Die Konturen der Zeichnung macht man gewöhnlich mit ziemlich deckender Farbe, aber möglichst fein. Die Schattierung wird meist in Strichmanier ausgeführt; nötig ist es jedoch nicht, man kann vielmehr auch ganz gut in der eigentlichen Pinseltechnik, also mehr flächig arbeiten. Hauptsache ist aber, daß die Übergänge von der Schattierfarbe zum Gold nicht zu hart sind, und vor allem, daß die Schattierung zeichnerisch richtig und einwandfrei ist. Hat man die Zeichnung fertig, so läßt man gut trocknen und vergoldet dann: Glanz auf Gelatine, Matt auf Mixtion oder in einer anderen Art (vgl. Abb. 53 bis 57).

Bezüglich der Hintergrundfarbe sind wir in keiner Weise gebunden; es stehen sämtliche Farben zur Verfügung. Es kommt nur auf den persönlichen Geschmack oder die Art des Auftrags an. Bei allen bunten Farben halte man sich daran, daß feurige Töne niemals durch Deckfarben erreicht werden. Wir lasieren zu dem Zweck das Glas ein- oder zweimal mit besten, feinstgeriebenen Farben und streichen erst, wenn diese gut trocken sind, mit einer ziemlich ähnlichen Deckfarbe.

Um eine gute Haltbarkeit der Glasschilder, welcher Art sie auch sein mögen, zu erreichen, ist für gute Einrahmung Sorge zu tragen. Am besten ist es, solche Schilder rückwärts ganz mit einer Zinkblechtafel zu überdecken und die Ränder der Blechtafel um die Kanten des Glases zu biegen. Eine zusätzliche Gummistreifenabdichtung ist sehr ratsam. Nur so ist das Eindringen von Feuchtigkeit zu verhindern; denn gerade die Feuchtigkeit ist es, welche die meisten Glasgoldschilder zugrunde richtet, indem sie die Hintergrundfarbe vom Glas ablöst und dadurch auch das Gold.

Warum wird Blattgold im Freien fleckig?

Es fällt vielfach auf, daß Blattvergoldungen im Freien oft schon nach kurzer Zeit unansehnlich und mißfarbig werden. Oft glaubt man, es mit Eisenrost zu tun zu haben. Das Gold scheint dann an vielen Stellen mit einer rotbraunen Farbe überwuchert zu sein. In anderen Fällen sieht man das Gold stellenweise in allen Regenbogenfarben schimmern. Die Kundschaft ist in der Regel gleich mit dem Urteil fertig: der Maler wird beschuldigt, schlechtes, unechtes Gold genommen zu haben – obwohl dieser in den meisten Fällen ganz unschuldig ist. Die Goldverfärbung kann von physikalischen oder chemischen Einwirkungen herrühren; zumeist aber wirken beide zusammen.

Physikalische Einflüsse treten auf, wenn sehr dünnes Gold angewendet wurde. Betrachtet man solch dünnes (einfaches) Gold gegen das Licht oder durch eine gute Lupe, so sieht es wie ein groblöcheriges Netz aus, auch wie eine Art Schwamm. Wenn die Poren auch sehr klein und scheinbar unbedeutend sind, so genügen sie doch, um für gewisse chemische Bestandteile in der atmosphärischen Luft Raum zur Ablagerung und ferneren Veränderung zu bieten.

Besonders Schwefelverbindungen bilden in den Poren und im weiteren Verlaufe des Prozesses auf der ganzen Goldschicht eine zusammenhängende Decke, die das auffallende Licht so beeinflußt, daß die Rückstrahlung des reinen Goldtones nicht in normaler Weise geschehen kann und dadurch jene irisierenden Töne entstehen. Wird nun statt des einfachen Goldes Doppelgold-, Drei- oder Vierfachgold genommen, so ist die Golddecke zusammenhängend und das Irisieren kann nicht eintreten. Auf der geschlossenen Oberfläche wird das Gold nicht von jenen chemischen Stoffen überzogen werden und nicht so leicht Raum zur Ansiedlung bieten.

Noch stärker tritt das Fleckigwerden des Goldes auf, wenn der Untergrund, besonders die eigentliche Goldunterlage, also das Mixtion, nicht in richtiger Weise ausgeführt wurde. Hier ist vor allem von Übel, wenn dem Mixtion bleihaltige Farbstoffe, wie Mennige, Chromgelb oder Neapelgelb zum Färben zugesetzt wurden. Diese Farben haben als Bleiverbindungen die Neigung, sich mit Schwefelverbindungen zu vereinigen und damit Schwefelblei zu bilden. Schweflige Säure und ähnliche Stoffe sind heute fast überall in der Luft enthalten, besonders aber in Industriestädten. Wenn also eine solche verunreinigte Luft auf eine Vergoldung einwirken kann, deren Grund Chromgelb oder eine andere Bleifarbe enthält, und das Gold möglicherweise auch noch dünnes Gold war, dann durchdringt sehr rasch die Säure die Goldporen und bildet mit dem bleihaltigen Grund eben jenes Schwefelblei. Es entsteht dabei wohl nur eine ganz dünne Schicht, aber gerade diese dünnen Schichten Schwefelblei haben die charakteristische Eigenschaft, irisierende Farben zu entwickeln. Vergoldung hält sich daher in der verhältnismäßig reinen Luft auf dem Lande viel länger als in den Städten.

Man sieht also, daß die Ursachen des Fleckigwerdens von Außenvergoldungen auf »in der Luft liegenden« Vorgängen beruhen. Wenn man dem Mixtion statt Chromgelb oder einer sonstigen Bleifarbe nur Ocker zusetzt und zum Vergolden kräftiges Doppelgold nimmt, dann wird auch die Vergoldung halten und ohne Flecken bleiben.

Das Bronzieren

Die Bronze wird vom Maler in der Hauptsache angewendet, wenn eine Fläche metallischen Glanz erhalten soll, dafür aber echtes Gold oder Blattmetall nicht verwendet werden kann.

Die Anwendung der Bronze ist natürlich beschränkt, wenigstens soweit es sich um Legierungen aus Kupfer oder Messing handelt. Desgleichen sind farbige Bronzen nur beschränkt anwendbar, weil sie in freier Luft oder unter Einfluß feuchter Luft sehr leicht oxidieren. Man kann durch Überlackierung mit Metallack oder durch Verwendung besonderer Bindemittel das Oxidieren der Bronze eine Zeitlang hinausschieben, ganz verhindern läßt es sich nicht. Auch Silberbronzen, soweit sie echt sind, unterliegen dieser Oxidierung. Lediglich Aluminiumbronzen machen eine Ausnahme; daher werden sie heute fast immer für echte Silberbronzen angewendet und auch für technische Anstriche weitgehend herangezogen; alle Goldbronzen dagegen ausschließlich für kleinere Flächen und für Zierat auf Leim- und Ölfarbengrund.

Das Arbeiten mit Bronzen ist ebenso vielartig wie das mit Blattgold. Die einfachste Verwendungsart besteht darin, daß man das Bronzepulver mit einer Flüssigkeit (Bronzetinktur) anrührt und dann mit einem Pinsel wie Farbe auf den zu bronzierenden Gegenstand aufträgt. Als Bronzetinktur sind die verschiedensten Mittel im Gebrauch, und zwar aus wasserlöslichen Bindemitteln bestehende wie auch andere, bei denen Terpentinöl, Spiritus oder sonst ein flüchtiges, aber nicht wasserlösliches Mittel den Hauptbestandteil bildet.

Die Bronze-Bindemittel

Die ölhaltigen Bindemittel

Von einer guten Bronzetinktur muß verlangt werden, daß sie die Bronze fest bindet und nach dem Trocknen nicht mehr abfärbt oder wischt. Die Bronzetinktur soll so wenig wie möglich Körper enthalten, damit nicht der Glanz und die Farbe der Bronze dadurch benachteiligt werden. Diese Eigenschaft ist aber nicht bei jedem Material zu finden. Es ist daher begreiflich, wenn immer wieder versucht wird, bessere Tinkturen herzustellen, die allen Ansprüchen genügen. Fast jede Firma hat ihre eigene Tinktur, und jede gibt ihr Erzeugnis natürlich für das beste aus, obwohl sie in den meisten Fällen in etwa die gleichen Bestandteile enthalten dürften.

Hauptbestandteil der nicht mit wasserlöslichen Bindemitteln hergestellten Tinkturen ist, wie schon erwähnt, Terpentinöl oder ein anderer flüchtiger Stoff wie Benzin oder dergleichen. Bei dem viel als Bronzetinktur benützten Zelluloidlack sind es die Zelluloidlösungsmittel Aceton und Amylacetat.

Die mit Terpentinöl oder Benzin hergestellten Tinkturen enthalten zumeist als bindenden Körper Dammarharz oder hellen Kopal (auf 5 bis 6 Teile Flüssigkeit etwa 1 Teil Harz). Außerdem wird noch verdünntes Sikkativ und auch Terebine zur Bronzetinktur verwendet, und dies mit ganz gutem Erfolg. Viele Maler nehmen auch nach altem Verfahren einfach einen nicht zu dunklen, mit Terpentinöl und etwas Spiritus zu verdünnenden Lack und rühren damit die Bronze an. Es ist allerdings nicht jeder Lack hierzu geeignet, denn nicht säurefreie Lacke führen zu schnellem Oxidieren des Bronzeauftrags.

Die ölhaltigen Tinkturen werden sowohl auf Öl-Binder-Dispersions- als auch auf Leimfarbengrund verwendet. Hat man Linien auf gestrichenen oder lackierten Arbeiten, an Türen, Möbeln usw. zu ziehen, Ornamente anzulegen oder dergleichen, so ist es am einfachsten, die Bronze nur anzurühren und mit dem Pinsel aufzutragen oder zu schablonieren. Schöner, glänzender und auch haltbarer wird aber die Bronze, wenn man sie nicht im angerührten Zustande aufträgt, sondern die betreffenden Stellen – ob es nun Ornamente oder ganze Flächen oder was immer sind – mit Lack oder Mixtion anlegt und dann, wenn diese Anlage nahezu trocken ist, die Bronze trocken mit einem weichen Pinsel oder einem Wattebausch aufreibt. Je trockener die Anlage ist, um so schöner wird der Bronzeglanz. Man kann übrigens auch die beiden Verfahren, das Flüssig-Auftragen und das Trocken-Aufreiben, miteinander verbinden, indem man die in Tinktur angerührte Bronze aufträgt und sie dann, wenn sie fast trocken ist, mit trockener Bronze überreibt. Besonders auf Leim- oder Kaseinfarbengrund ist dieses Verfahren dankbar anzuwenden. Auf Lackgrund geht es auch; auf gewöhnlichem Ölfarbengrund aber muß man sich, bevor man trockene Bronze aufreibt, davon überzeugen, daß der Grund nicht mehr klebt, weil sich sonst die Bronze am ganzen Anstrich festsetzen würde.

Die wäßrigen Bindemittel

Das Arbeiten mit Bronze auf Leimfarbengrund stellt an die Güte des Bindemittels noch höhere Anforderungen. Der saugende Leimfarbenanstrich, auch der Kasein-Kaltwasserfarbenanstrich usw., saugen das dünnflüssige Bindemittel sofort sehr stark ein. Durch das Absaugen des Bindemittels in den Grund wird die Bronze auf der Oberfläche ohne Bindung bleiben; sie wischt bei der geringsten Berührung ab. Man versucht diesem Übelstand dadurch zu begegnen, daß man die verschiedensten Bindemittel verwendet, meist aber ohne den gewünschten Erfolg. Die öligen Bindemittel geben zwar einem Leimfarbenanstrich einen glatten Auftrag und bewirken auch, daß die Bronze festsitzt, aber der Glanz wird von vornherein abgestumpft. Die mit diesen Bindemitteln hergestellten Bronzierungen oxidieren außerdem sehr rasch. Die Bronze wird nach und nach schwarz grünfleckig und verschwindet zuletzt ganz, um einem grünschwärzlichen Ton Platz zu machen. Sehr naheliegend ist es, die Bronze in der gleichen Weise wie die Farben durch Leim zu binden. Sichozelleim ist ein Werkstoff, der es erlaubt, auch den Bronzeanstrich ohne besondere Mühe auftragen zu können. Der Leim ist nach den bekannten Vorschriften anzusetzen und dann das Bronzepulver einzurühren. Der Anstrich muß gestupft werden. Wird zum Anstrich die Polierbronze verwendet, so kann sie nach dem Trocknen mit dem Achat poliert werden. Es ist nicht notwendig, daß die Bronze-Anstrichfarbe überleimt wird. Die ausprobierte richtige Leimmenge genügt, um einen haltbaren Bronzeanstrich zu schaffen.

Zu empfehlen ist eine Lösung von farbloser Gelatine in heißem Wasser, die kalt verarbeitet wird. Man kann damit gut liniieren, die Bronze glänzt auch und wird fest. Selbst ein dünner Kleister aus Reisstärke, mit etwas Zucker vermischt, läßt sich als Bronzetinktur verwenden. Die Stärke wird kalt verrührt, Zucker zugesetzt und hierauf mit heißem Wasser fertiggekocht; die Tinktur muß so gehalten sein, daß sie in kaltem Zustande nicht fest wird, sondern gerade noch flüssig ist.

Empfindlich gegen schlechtgeleimten Untergrund ist der im Handel erhältliche Zapon- oder Zelluloidlack. Auf festem Grund erreicht man damit gute, wischfeste Bronzierungen; der Glanz ist auch sehr gut. Wenn der Leimfarbengrund zu schwach geleimt ist, so wischt die Bronze und läßt sich beim Abstauben der Pausen und der Kohlenschläge mit wegstauben.

Unangenehm beim Verarbeiten von Zaponlack ist der starke Geruch. Auch darf er nur in genügend warmen Räumen angewendet werden. Die Temperatur soll nicht unter 17 bis 20 Grad C liegen; in zu kalten Räumen springt die Bronze ab.

In Wasser gelöstes Gummiarabikum kann ebenfalls als Bindemittel für Bronze auf Leimfarbengrund dienen, nicht dagegen Dextrinlösung. Verdünntes Eiweiß (auch mit Eigelb) tüchtig geschlagen und mit der doppelten bis dreifachen Menge Wasser verdünnt, ist sehr gut als Bronzetinktur auf einsaugendem Grund. Zu erwähnen sind noch die neu aufgekommenen Zelluloseleime, auch Wachsleime und Kasein.

Bronzierung auf Ölfarben- und Lackfarbengrund

Auf Ölfarben- und Lackfarbengrund wird ausschließlich die ölartige Bronzetinktur zur Zubereitung der Bronze genommen. In Frage kommen nur Gegenstände, die nicht der Witterung ausgesetzt sind. Gebraucht werden sowohl Goldbronze als auch farbige Bronzen und Aluminiumbronze für Silber. Selten wird die Verwendung von Gold- und farbigen Bronzen über Liniierungen, Schablonierungen, Fassungen usw. hinausgehen. Es kann vorkommen, daß an Stelle von Blattmetall auch einmal eine Decke oder Wandfläche mit Goldbronze eingestrichen werden muß. In diesem Fall wird man jedoch nicht die Bronze anrühren und aufstreichen, sondern man wird sie auf die Anlage aufpudern. Lediglich durch Aufspritzen lassen sich angerührte Bronzen auf große Flächen einwandfrei auftragen.

Wenn ein Bronzeauftrag doch durch Anpudern der Fläche vorgenommen werden soll, dann muß der nichtsaugende Anstrich, etwa Ölfarbengrund, mit verdünntem Mixtion ganz mager angelegt werden. Nachdem der Mixtionauftrag entsprechend angezogen hat, wird das Bronzepulver mit dem Beutel auf die Fläche aufgepudert. Überschüssige Bronze ist nach dem Trocknen abzustauben. Der Goldglanz so behandelter Flächen ist gut, je nach der Flächengrundglätte auch einer Vergoldung ähnlich.

Aluminiumbronzen können auf die gleiche Art auf eine Fläche aufgetragen werden, wenn die Wirkung einer Versilberung erzielt werden soll. Ebenso ist ein Auftrag der angerührten Bronze mit Spritzgerät möglich; wichtig ist ein ganz gleichmäßiger Auftrag. Weit mehr findet aber die Aluminiumbronze zur Herstellung technischer Anstriche Verwendung. Sie kann zum Beispiel auch für Grundierzwecke auf Metall und anderen Gründen verwendet werden. Namentlich Heizkörper werden vielfach mit Aluminiumbronzelackfarben gestrichen. Als Bindemittel findet nicht etwa eine der Bronzetinkturen Verwendung, sondern spezielle Lacke oder auch Öle, die hitzebeständig sind. Neuerdings werden mit Hilfe der Aluminiumbronze Dachlackfarben hergestellt, die auf Teerpappe oder auch teerfreier Pappe verwendet werden. Der Zweck ist, die Sonnenstrahlen zu reflektieren, um so eine übermäßige Erhitzung von Räumen unter dem Dach zu vermeiden. Aluminiumbronze ist sehr hitzebeständig und wird bei entsprechender Tauglichkeit des Bindemittels auch für sehr stark erhitzte Metallflächen verwendet. Eine Verfärbung des Bronzeauftrags findet auch dann nicht statt, wenn das Bindemittel durch die überschüssige Hitze verbrennt. Es sind eine ganze Reihe von Aluminiumfarben entwickelt worden, die ausschließlich zu Anstrichen auf Metallflächen Verwendung finden.

Das Lasieren mit Goldbronze auf Lackschliff/Beispiel

Vorhanden ist eine fertige, mit Lackschliff behandelte Fläche. Der Farbton selbst spielt keine Rolle. Die Fläche wird zunächst hauchdünn mit Leinölfirnis angerieben, um das schnelle Anziehen der Lacklasur zu verhindern.

Die Lasur besteht aus gleichen Teilen Schleiflack (farblos), Terpentinöl rein (Balsamterpentinöl) und Goldbronze. Sie wird entweder mit einer Stupfbürste oder mit einem sauberen Pinsel stupfend aufgetragen. Es kann mit dem Verdünnungsmittel, Lack und Terpentinöl, in die Lasur hineingearbeitet werden. Dadurch geraten die Bronzeteilchen ins Schwimmen; sie geben dann, je nachdem man die Verteilung vornimmt, den Wechsel von stärkerer oder schwächerer Lasurwirkung ab. Durch Spritzen von Terpentin in die Fläche, gleichfalls durch Eintauchen einer Gänsefeder in andere farbige Bronzen mit Balsamterpentin und Aufgleiten auf die nasse Lackfläche, lassen sich interessante Wirkungen erzielen. Der farbige Untergrund spielt dabei eine wesentliche Rolle (vgl. Tafel I–VIII).

Sonstige Ausführungen

Anwendung auf Leimfarben- oder anderem saugenden Grund

Gold- und Silberbronzen werden auf Leimfarbenanstrichen in der Regel nur zum Liniieren, Fassen und Schablonieren verwendet. Nur selten werden Decken und Wandflächen mit Bronze vollständig gedeckt. Es bedarf dann des Auftragens der gebundenen Bronze mit einem Spritzgerät, wenn ein einwandfreier und fleckenloser Auftrag erzielt werden soll. Die Bronzebindung kann mit einer der vier genannten Bindemittelarten erfolgen oder auch mit einer der käuflichen Leimfarbenbronzetinkturen. Bei übermäßig stark saugenden Flächen muß der mit Bronze zu belegende Teil so vorbehandelt werden, daß das Bindemittel nicht abgesaugt wird. Man kann mit verdünntem Leimwasser die Saugung weitestgehend aufheben. Handelt es sich um größere zu vergoldende Flächen, ist es zweckmäßig, die Fläche vorher im Goldton einzustreichen, um die Saugung auf das geringstmögliche Maß zurückzuschrauben. Die dann aufgetragene Bronze weist nicht nur ausgezeichneten Glanz auf, sondern wird auch längere Zeit fleckenfrei stehen.

Patinierungen mit Bronze usw.

Eine sehr wichtige Rolle spielt die Bronze, allein oder in Verbindung mit Blattmetallen und Lasurfarben, in allen den Fällen, wo es sich darum handelt, Gegenständen aus Stuck, Papiermasse, Gips, seltener aus Holz, den Anschein eines Metalls oder einer Metallkomposition zu geben. Oft haben große Künstler sich diese Art Imitation zunutze gemacht, wenn es galt, bestimmte Zwecke zu erreichen, so zum Beispiel Franz von Lenbach bei der Dekoration der Festräume im Künstlerhaus in München. Es handelt sich dabei vor allem um die Nachahmung alter Vergoldung und noch häufiger um kurzlebige Objekte (Theater- und Faschingsdekorationen).

Nachahmungen alter Vergoldungen

Das sind patinierte Metalle, das sogenannte Altgold, ebenso das Altsilber, altes Kupfer mit seiner leuchtendgrünen Patina, altes Eisen und alte Bronzegüsse. Seine Materialien gestatten hier dem Maler die größte Vielseitigkeit. Wenn nachstehend einige Verfahren angegeben werden, so sollen das nur Musterbeispiele sein.

Vor allem ist es nötig, daß die Eigentümlichkeiten des zur Behandlung stehenden Gegenstandes beachtet werden. Man darf zum Beispiel auf Eisen nicht so arbeiten wie auf Holz oder Stuck. Um eine gute Arbeit zu liefern, muß man auch wissen, was man eigentlich nachahmen will; man muß z. B. aus eigener Anschauung wissen, wie eine alte Vergoldung aussieht. Daher ist es nötig, gute alte Vergoldungen zu betrachten, sie zu studieren, und zwar nicht nur ein Stück, wenn man sich in dieser Technik versuchen will.

Ob Matt- oder Glanzgold, Öl- oder Polimentvergoldung, ob rotes, graues oder gelbes Poliment vorliegt usw. – all dies sind Umstände, die bestimmend auf die Erscheinung des alten Goldes einwirken. Durch das wiederholte Reinigen von Zeit zu Zeit – wobei es ohne Reibung niemals abging – ist auch das Gold vielfach, besonders an erhabenen Stellen, mehr oder weniger weggerieben, so daß der Untergrund zum Vorschein kommt.

Bei mattem Polimentgold, an dem die Mattierung früher meist durch einen Leimüberzug hergestellt wurde, setzt sich ferner – ebenfalls infolge Reinigens, Abstaubens usw. – in den Tiefen eine gewisse Schmutzschicht an, die das Gold hier dunkler, manchmal ganz grauschwarz, und dort mehr braun färbt. Bei falscher Vergoldung, auf Silber durch Goldlack hergestellt, scheint an abgeriebenen Stellen das Silber, mitunter auch das darunterliegende weißgraue Poliment durch. Handelt es sich um vergoldetes Eisen, dann ist die Art der Grundierung ebenfalls maßgebend. War es vor der Vergoldung mit Mennigefarbe gestrichen, so scheint das Mennigerot durch; auch kommt hier die Färbung des Goldgrundes, die des Mixtions, in Betracht.

Die rein technische Ausführung ist diesen Umständen anzupassen, aber im übrigen ziemlich einfach. Wollen wir z. B. eine alte Vergoldung auf rotem Polimentgrund vortäuschen, etwa an einem Bilderrahmen, so streichen wir zunächst den ganzen Rahmen deckend mit roter Farbe, zuerst matter Ölfarbe, darauf eine halbmatte rote Lackfarbe. Der Ton muß genau dem Poliment entsprechend gemischt sein. Ist dieser Grund sehr gut hart getrocknet, so vergolden wir in der üblichen Weise auf Mixtiongrund. Dem Mixtion wird hier am besten keine Farbe, höchstens etwas Zinkweiß, zugesetzt. Ist alles vergoldet und abgekehrt, lassen wir die Arbeit einige Tage stehen und reiben dann an den erhabenen Stellen, an Ecken, scharfen Kanten, in der Mitte größerer Flächen usw. mit einem feinen Leinwandlappen das Gold weg, so daß der rote Grund hervortritt.

Nun wird die ganze Arbeit – höchstens die am meisten vortretenden Partien ausgenommen – überlasiert, um den schwärzlichen Hauch des alten Goldes hervorzubringen. Hierzu dient eine dünne Lasur aus Schwarz, rein oder mit Kasseler Braun gemischt; auch Asphalt kann angewendet werden. Ebenso darf man der Lasur etwas Graphit oder Silberbronze zusetzen, um den metallischen Schimmer zu erhöhen.

Die Lasur – Öllasur, aus gleichen Teilen Firnis und Terpentinöl mit entsprechendem Trockenstoff – wird dünn aufgetragen und dann an allen vorstehenden Stellen wieder abgeputzt, so daß sie nur in den Tiefen rein stehenbleibt. Ist hier noch zuviel, so kann man durch Tupfen und Reiben mit weichem, trockenen Pinsel nachhelfen. Will man die Tiefen dunkler haben, so lasiert man zweimal oder nimmt hierfür etwas dickere Farbe auf den Pinsel. Zuletzt wird dann alles mit Metallack überlackiert, der sehr dünn sein muß, damit er nicht zu stark glänzt.

Zum Vergolden nimmt man, wenn es sich um kleinere Arbeiten handelt, am besten echtes Gold. Für größere, besonders für rein dekorative Arbeiten kann man statt dessen auch Kompositionsgold nehmen, da es ja durch den Lack gegen schnelles Oxidieren geschützt ist.

Ähnliche Wirkungen erreicht man mit einem anderen Verfahren, das aber statt Blattmetall die Benutzung von Bronze erfordert und vor allem bei einem großen Bilderrahmenauftrag am Platze ist. Die Rahmen werden mit Kreidegrund gestrichen, geschliffen und polimentiert. Dem Poliment setzt man aber, um es dunkler zu färben, braune und schwarze Farbstoffe zu; Umbra, Schwarz, eventuell auch Graphit, sowie noch ein wenig Wachs, um die durch die fremden Farbstoffe herabgeminderte Geschmeidigkeit wieder zu steigern. Im Handel sind farbige Polimente zu haben (Braun, Rot, Schwarz, Gelb, Blau, Grün, Weißgrau). Diese kann man sowohl in der bekannten Hütchenform als auch naß eingerieben in Gläschen beziehen.

Nach 4 bis 5 Polimentaufträgen reibt man es mit einem feinen Tuch ab, so daß es leicht glänzt, bereitet sich eine schwache Netze und trägt damit die Bronze auf, indem man einen weichen Haarpinsel in die Netze taucht, dann in das Bronzepulver, und dieses fast trocken aufreibt. Man streicht aber mit der Bronze nicht alles deckend, sondern nur die erhabenen Stellen. In die Tiefen streicht man nur leicht hinein, damit der braune Polimentgrund stets vorscheint. Diese Auftragsweise verlangt allerdings bei Schnitzereien und plastischen Gegenständen große Übung. Der Auftrag trocknet natürlich sehr rasch, weil der Spiritus schnell verdunstet. Anschließend muß man daher sofort die Bronze durch Reiben mit dem Polierstein glätten und glänzend machen, auch hier nur die erhabenen Stellen. Zuletzt überzieht man alles mit dem Metallack. Will man auch bei dieser Arbeitsweise das abgeriebene Aussehen erreichen, also das durchscheinende rote Poliment nachahmen, so muß man die ersten drei Polimentaufträge mit rotem Poliment und nur die letzten zwei mit dem braungefärbten machen und dann nach dem Polieren durch Reiben an einzelnen Stellen die Bronze und das braune Poliment beseitigen.

Es ist einleuchtend, daß man nach diesem Verfahren mit entsprechend anders gewählten Materialien jede Metallart vortäuschen kann. Für Altsilber zum Beispiel wird man weißes oder graues Poliment oder Ölfarbe im Silberton nehmen, dann Blattsilber auflegen oder Aluminium- bzw. Silberbronze aufreiben und statt mit Braun mit dünner Graphitlasur überlasieren. Durch kleine Änderungen der Lasuren und des Grundes oder Färben des Überzugslacks lassen sich vielerlei Töne erzielen.

Altes poliertes Kupfer, das sogenannte Cuivre poli, erfordert bei der Nachahmung graubraunen Grund; Graphit mit roter Farbe, Englischrot mit etwas Kupferbronze ergeben einen gut passenden Ton; als Bindemittel dient Leimwasser (natürlich nur auf Polimentgrund). Auf diesem Grund trägt man die Bronze in Spiritus angerührt auf, die Tiefen bloß dünn überreibend, die Höhen gut deckend. Zuletzt wird dann poliert und überlackiert. Arbeitet man nicht auf Poliment, sondern auf Öl- oder Lackgrund, so legt man auf Mixtionanlage Blattkupfer auf und lasiert zuletzt mit Kasseler Braun und Schwarz. Oder: Man streicht zuerst mit Kupferbronze, Graphit und Schwarz alles über, legt die Höhen und größere Flächen mit Mixtion oder Lack an, hierauf Blattkupfer, und lasiert zuletzt mit nur schwach gefärbtem Lack. Soll auf nachgeahmtem Kupfer die grüne Patina angebracht werden, so geschieht dies ganz zuletzt in der Weise, daß man den ganzen Gegenstand mit Ausnahme der Glanzstellen mit passend gemischter grüner, halbmatter Ölfarbe oder Lasur überstreicht und diese dann wieder abwischt, so daß in Ecken und Tiefen usw. das Grün mehr oder weniger deckend, auf den Höhen fast gar kein Grün mehr bleibt. Übung und genaues Studium echter alter Sachen sind unerläßlich für diese Arbeiten.

Dies gilt besonders auch von der Nachahmung von Bronzegüssen, die für Büsten, Statuetten, Säulen usw. häufig verlangt wird. Die Bronzegußmasse kann nämlich sehr verschieden zusammengesetzt sein. Nach der Art der Zusammensetzung wechselt auch die Art der Patinierung.

Den schwärzlich-gelbbraunen Naturton der nicht patinierten Bronze erreicht man sehr gut, wenn man zuerst goldbraun oder rötlichgrau streicht und darüber mit Asphaltlack lasiert, dem man je nach Wunsch mehr oder weniger Goldbronze zugesetzt hat. An den vorstehenden Flächen hält man die Farbe dünner, so daß der Grund mehr durchschimmert als in den Tiefen, und auf den Kanten kann man etwas mehr Goldbronze auftragen, indem man den Pinsel noch in trockene Bronze taucht. Nach dem Trocknen reibt man diese Kanten und die sonstigen vorstehenden Flächen mit ein wenig trockener Goldbronze ab und überzieht zuletzt mit Spiritus-Metallack. Die Anbringung der Patina geschieht wie bei Cuivre poli.

Eisen-Nachahmung endlich erfordert einen dunkelgrauen, etwas metallisch schimmernden Grundton. Dazu ist kein Material besser geeignet als Graphit, auf Ölgrund sowohl als auch auf Poliment. Auf Ölgrund wird der Graphit als halbmatte Lackfarbe aufgetragen, auf (grauem) Poliment mit Leim gebunden. Auf Polimentgrund reibt man den Graphitanstrich nach dem Trocknen mit einem feinwollenen Tuch ab, trägt dann auf den Kanten Aluminium- oder Silberbronze – nach Bedarf mit Graphit gemischt – mit Spiritus auf, poliert und lackiert zuletzt. Auf Ölgrund kann man natürlich nicht polieren; man beschränkt sich darauf, wenn der Anstrich mit Graphit nahezu trocken ist, die Kanten mit Silber oder Aluminium aufzulichten und nach dem Trocknen mit Watte abzureiben. Nach einer anderen Art streicht man zuerst schwarz deckend mit halbfetter Lackfarbe, trägt dann in Terpentinöl geriebenen Graphit auf und bürstet diesen nach dem Trocknen blank. Auch hier kann man dann noch auf den Höhen Lichter und Kanten mit Silberbronze aufwischen. Bezüglich der Materialien sei noch bemerkt, daß vom Graphit nur beste, absolut sandfreie Ware benützt werden kann, sogenannter Silbergraphit. Was die Bronze anbelangt, so sind Brokatbronzen von mehr blättchenartigem Gefüge zum Polieren besser geeignet als die feineren Pulverbronzen, da sie sich besser polieren lassen und auch besser glänzen. Noch einmal sei darauf hingewiesen, daß man bei all diesen Arbeiten der Natur des zu bearbeitenden Gegenstandes Rechnung tragen muß. Große Gegenstände, zum Beispiel Säulen, darf man nicht als Altgold behandeln wollen, sondern eher als Bronze oder Eisen, weil ja solche Materialien auch wirklich zu Säulen oder ähnlichen schweren Stücken verarbeitet wurden, nicht aber die teuren Metalle Gold und Silber oder das schwächere Kupfer. Hauptsächlich finden solche Materialvortäuschungen auch heute noch in der Theatermalerei Anwendung.

Bronzierung mit Lacküberzug

Eine besondere Art der Bronzeanwendung ist die lackierte Bronzierung, die namentlich für kleinere Gegenstände aus Metall viel benutzt wird. Soweit diese Dinge an sich schon glatt sind, wie ja die meisten aus Blech gefertigten, ist außer guter Reinigung keine weitere Vorarbeit nötig. Sie werden dann mit einer Anlage aus einem Teil Leinöl und zwei Teilen gutem Kopallack dünn und gleichmäßig überstrichen. Man läßt sie im Lackierofen bei gelinder Wärme – etwa 25 bis 30 Grad C – trocknen, bis der Anstrich so klebt wie vergoldungsfähige Mixtionanlage, und trägt dann trockenes Bronzepulver mit Watte oder einem Haarpinsel auf, kehrt, wenn alles Bronze hat, mit einem älteren Haarpinsel oder einem alten Dachsvertreiber ab und läßt dann, jedoch nicht mehr im Ofen, austrocknen.

Wenn der Lack nach etwa 5 bis 6 Stunden ziemlich trocken ist, bringt man die bronzierten Gegenstände wieder in den Ofen. Durch die Wärme erweicht die Lackanlage nochmals, die Bronze sinkt tiefer ein, und es bildet sich an der Oberfläche eine klebrige Schicht, die wieder Bronze aufnehmen kann. Man nimmt dann die Gegenstände aus dem Ofen, trägt erneut Bronze auf und läßt trocknen.

Erst nach dem Trocknen kehrt man die Bronze ab, läßt alles noch einmal einen Tag ruhig stehen und lackiert hierauf mit hellstem Lack, sogenanntem Ofenlack, der das Trocknen im Lackierofen bei 25 bis 30 Grad C aushalten muß.

Die unlackierte Bronze darf nicht mit den Fingern berührt werden und auch nicht mit Wasser in Berührung kommen, da dies meist Flecken verursacht, die nicht ausgebessert werden können. Die lackierten Bronzierungen haben zwar nicht den schönen, ausgesprochenen Metallglanz wie bei der trocken aufgeriebenen Bronze; sie scheinen toniger, stumpfer zu sein. Dafür aber ist die Haltbarkeit bedeutend größer, und das sonst bald eintretende Oxidieren der Bronze kommt erst dann zum Vorschein, wenn der Lack schon sehr stark abgenützt ist. Gegenüber dem Aufstreichen der mit Tinktur angerührten Bronze hat das Trockenauftragen den großen Vorteil, daß bedeutend weniger Bronze gebraucht und der Auftrag glatter und gleichmäßiger wird.

Das Lackieren selbst muß mit Sorgfalt geschehen; es sind dazu reiner Lack und saubere, am besten weichhaarige Pinsel zu benützen; ferner muß der Lack ganz gleichmäßig aufgetragen werden, weil sonst die Arbeit scheckig wird und beim Ofentrocknen auch leicht ein Laufen des Lacks stattfinden kann.

Sind die Gegenstände, die bronzelackiert werden sollen, nicht an sich glatt, sondern rauh und uneben, so muß selbstverständlich vorher eine glatte Oberfläche durch Grundieren, Spachteln und Schleifen geschaffen werden. Man hat aber auch da schon damit zu rechnen, daß der Lack zuletzt im Ofen getrocknet werden muß. Man darf daher nur gut und gründlich erhärtende Materialien zu den Grundierungsarbeiten verwenden. Am besten ist es, den ersten Anstrich mit halbmatter Lackfarbe zu machen, diese schon im Ofen zu trocknen, darauf mit Lackspachtelkitt zu spachteln, gebührend zu schleifen, und dann noch einen Anstrich mit einer halbmatten, zweckmäßig gelbgetönten Lackfarbe zu geben. Auf diesem steht dann die Anlage mit Leinöl und Kopallack blank.

Die Werkstoffe

Das Blattgold

Bei der Fabrikation des Blattgolds sind rein mechanische Kräfte im Gebrauch; es wird zuerst möglichst dünn ausgewalzt und dann durch Schlagen in besonderer Weise immer mehr nach allen Seiten hin ausgedehnt. Der Gang des Verfahrens ist kurz folgender: Zuerst wird das Gold in Formen von etwa 2 bis 5 Millimeter Dicke und 2 bis 3 Zentimeter Breite gegossen. Die so erreichten Goldstangen werden im glühenden Zustande durch Walzen bearbeitet, um sie schon nach Möglichkeit zu strecken und zu dehnen. Das Erzeugnis wird in viereckige Stücke geschnitten; diese Stücke werden in Mengen von 400 bis 500 zwischen Pergamentpapier gelegt und in dieser Form vom Goldschläger bearbeitet. Die Goldschläger arbeiten mit besonders schweren Hämmern auf amboßartigen Gestellen; das Gold muß nach jedem Schlag gedreht werden und wird so lange bearbeitet, bis die einzelnen Blätter eine Größe von etwa 10 Quadratzentimetern haben.

Nun werden die Blätter wieder in vier gleiche Teile geschnitten und kommen dann erst in die eigentliche Schlagform, zwischen sogenannte Goldschlägerhäutchen, die aus besonderen Teilen der Rindsdärme angefertigt werden; 400 Goldblätter werden so zusammengelegt. Um die in den Häutchen verpackten Blätter kommt eine Hülle aus Pergament, und nun schlägt der Arbeiter weiter, bis die Blätter eine bestimmte Größe haben, worauf sie nochmals durch zwei Schnitte in vier gleiche Teile zerlegt werden. Diese kommen wieder in die Form und werden in derselben Weise weitergeschlagen, bis die gewünschte Feinheit und Größe erreicht ist. Die Blätter werden dann an den Seiten glattgeschnitten und in die bekannten Seidenpapierbüchelchen eingelegt.

Besonders starkes Gold ist das sogenannte Doppelgold, das namentlich für Vergoldungen im Freien angewandt wird; es wird in der gleichen Weise hergestellt, nur etwas weniger dünn ausgeschlagen. Eine andere Art ist das als Transfer-Abziehgold bekannte Material; es unterscheidet sich vom gewöhnlichen Gold nur dadurch, daß es am Papier der Verpackungsbüchelchen festliegt und so leichteres Arbeiten im Freien ermöglicht. Das Haften am Papier wird erreicht durch Pressen auf das Seidenpapier.

In gleicher Weise wie das Blattgold werden auch das Blattsilber, Blattaluminium, Blattkupfer und die unechten Ersatzmittel für Gold, kurzweg Schlag- oder Metallgold genannt, angefertigt. Nur können diese nicht so unmeßbar dünn ausgeschlagen werden; sie werden auch in der Regel nicht glatt beschnitten.

Blattgoldfabriken befinden sich in Deutschland in Schwabach, Nürnberg, Fürth und Augsburg; vielfach wird das Goldschlagen auch noch als Hausindustrie betrieben (vgl. Abb. 61–67).

Echtes Blattgold

Das echte Blattgold wird, nachdem es ausgeschlagen ist, zu quadratischen Blättchen zugeschnitten. Die Größe dieser Blättchen ist normal 80 Millimeter, aber auch 70 bis 120 Millimeter. Geordnet wird das Blattgold nach seiner Stärke, zum Beispiel in Einfachgold, Doppelgold, Dreifachgold und Ewiggold, und nach seiner Reinheit in 24 Karat, 23¾ Karat, Platora (Gold mit Platinzusatz), Dukatengold mit 23 Karat (fast reines Gold), Orangegold mit 22 Karat, Zitronengold mit 18 Karat, Grüngold mit 16 Karat.

Für Außenarbeiten kommt nur Dukatengold in Frage, schließlich noch Orangegold, Zitronengold und Grüngold, jedoch nur unter Schutz, zum Beispiel hinter Glas oder unter Lackschutz. Das Gold kommt in Seidenpapierheften in den Handel, das Heft zu 25 Blatt. Die Heftchen sind zu Büchern zusammengefaßt. Das Buch zählt 12 Heftchen, also 300 Blatt.

Es gibt aber noch sogenanntes Sturm- oder Transfergold, das bei Außenvergoldungen verwendet wird. Das Goldblättchen ist auf Seidenpapier gepreßt und haftet an diesem so lange, bis es einen Grund findet, an dem es stärker haftet. Das Gold löst sich dann vom Papier und ist von der Goldanlage nicht wieder abzuheben. Man schneidet das Gold vorher mit der Schere zu. Durch diese Pressung auf Papier wird verhindert, daß der Wind das Gold forttreibt.

Für alle Innenarbeiten wird gern auf die außen beständigeren reinen Sorten zurückgegriffen.

Der Wert, den man der Vergoldung geben will, bestimmt zwar die Wahl der Goldart, aber auch das Aussehen. Das Doppel- und Dreifachgold wird für Vergoldungen verwendet, die der Witterung ausgesetzt sind; für Vergoldungen im Innenraum, bes. an Möbeln, genügt das Einfachgold. In sakralen Räumen wird man sich aber trotzdem vieler Goldtöne und -sorten bedienen müssen, die im Ton auch wieder durch den Karatgehalt beeinflußt sind.

Kompositionsgold und Schlagmetall

Unechtes Gold besteht aus Legierungen von Kupfer und Zinn. Es wird ausschließlich für Vergoldungen im Innenraum angewendet und muß einen Schutzüberzug mit Zaponlack, Schellacklösung oder auch anderen Lackarten erhalten, wenn es längere Zeit gegen Oxidation geschützt werden soll. Kompositionsgold wie Schlagmetall sind also nicht beständig gegen Luft- und Grundfeuchtigkeit, Laugen und Säuren sowie auch Gase. Ebenso verträgt dieses Gold keine »Hitze«, von der es rötlich verfärbt wird.

Gehandelt wird das Kompositionsgold in Heftchen und Büchern wie Blattgold in der Größe von 80 bis 150 Millimetern. Gegenüber dem Blattgold ist das Kompositionsgold mit dem Heft zugeschnitten. Es steht also kein Papierrand über. Schlagmetall wird dagegen ohne Papiereinlage unzugeschnitten in verschieden großen Schlägen in Kistchen verpackt geliefert. Bei diesem unechten Gold gibt es drei Farbtöne, die sich aus ihrem Kupfer- und Zinngehalt ergeben, Orange, Hellorange und Zitrone.

Die Prüfung von Gold und Vergoldung auf ihre Echtheit

Zur Echtheitsprüfung von Blattgold siehe Seite 25.

Auch mit einer Lösung von salpetersaurem Silber- oder Kupferchlorid kann man echte Vergoldung erkennen. Sind Gegenstände nicht echt vergoldet, so entstehen beim Betupfen mit einem der beiden Mittel graue bis schwarze Flecken, wogegen echte Vergoldung davon nicht angegriffen wird und rein bleibt.

Sonstige Blattmetalle

Blattsilber

Blattsilber ist stets stärker als Blattgold. Silber läßt sich nicht so fein ausschlagen. Eine Legierung des Silbers mit anderem Metall wird nicht verwendet. Blattsilber ist rein. Es wird ebenfalls in Heftchen und Büchern verpackt geliefert. Blattsilber ist, wie Silber überhaupt, leicht der Oxidation ausgesetzt. Es wird an der Luft geschwärzt, ebenso unter Hitzeeinwirkung.

Versilberungen müssen einen Schutzüberzug erhalten, zum Beispiel mit Zaponlack oder mit einer Lösung von gebleichtem Schellack in Spiritus. Gewöhnliche Spirituslacke führen oft zu starken Verfärbungen, ebenso Öllacke. Wenn schon auf Silber lackiert werden muß, ist ein Zaponlacküberzug oder eine Schellacklösung einem Öllack vorauszuschicken.

Blattaluminium

An Stelle des empfindlichen Silbers wird vielfach Blattaluminium verwendet. Es ist aus reinem Aluminium hergestellt. Die Herstellungsweise entspricht der des Blattgoldes und Blattsilbers.

Blattaluminium ist wetterbeständig, und zwar hauptsächlich durch einen Oxidüberzug, der sich unsichtbar auf der Oberfläche durch Lufteinwirkung bildet. Gegen Säuren ist es empfindlich, nicht jedoch gegen Laugen. Auch Aluminiumfolien, die stärker sind als das Schlagaluminium, werden verwendet.

Blattaluminium wird in Heftchen, die in Bücher zusammengefaßt sind, in der Größe von 80 bis 180 Millimetern gehandelt. Auch ohne Papiereinlage in Schlägen zu 50 Blatt verschiedener Größe ist es zu erhalten. Ein Kistchen enthält 100 Schlag, also 5000 Blättchen.

Zinnfolien

Auch Zinnblättchen, sogenanntes Stanniol, werden verschiedentlich an Stelle des Silbers verwendet, aber wegen des beständigeren Aluminiums nur selten angeboten. Dagegen wird Stanniol in der Schriftenmalerei noch viel verwendet.

Das Prüfen von Silber und Versilberungen

Zur Echtheitsprüfung von Silber siehe Seite 25 f.

Die Bronzen

Wir kennen die verschiedensten Bronzearten:

1. die echten Goldbronzen, auch Pudergold genannt, aus reinem Gold, die fast nur vom Porzellanmaler und Glasmaler verwendet werden;
2. die »Goldbronzen«, hergestellt aus Legierungen von Kupfer und Zink;
3. die Silberbronzen aus echtem Silber – oder Legierungen aus Silber und Nickel –, die nur selten verwendet werden;
4. die Kupferbronzen, Legierungen von Kupfer und wenig Zink;
5. die Aluminiumbronzen aus reinem Aluminium;
6. die farbigen Bronzen, die aus Goldbronzen oder Aluminiumpulver durch Färbung mit Teerfarbstoffen hergestellt werden, und schließlich
7. die Anlaufbronzen, welche durch Erhitzen über 100 Grad C oxidiert werden. Es entstehen sattere Bronzen. Als Unterlage wird sowohl Gold- wie Silberbronze verwendet.

Auch echte Bronzen, die dem Ton des Bronzegusses entsprechen, also rötlich-braun sind oder auch entsprechender Patina gleichsehen, werden hergestellt. Diese echten Bronzen werden aber auch durch künstliche Färbungen und Oxidation erzeugt.

Echte Goldbronzen

haben mehr ein bräunliches Aussehen und erhalten erst im Brennofen den Goldton und durch Polieren mit dem Stein den Glanz. Sie werden mit dem Pinsel und im Bindemittel angerührt aufgetragen. Das Bindemittel verbrennt oder verflüchtigt.

Echte Goldbronzen werden oft bei hochwertigen Restaurierarbeiten für kleinere Ausbesserungen an Hintergründen, an wertvollen Ornamenten von polimentvergoldeten Rahmen angewendet. Damit gelingen häufig schwierige Retuschen besser als in der üblichen Blattgoldtechnik. Es ist aber immer die dem Objekt entsprechende richtige Entscheidung zu treffen und die dann richtige Technik zu wählen.

Goldbronzen

Was wir an Goldbronzen kennen, sind zu mehr oder weniger feinem Pulver zerriebene Kupfer-Zink-Legierungen, die in kleinen Briefchen oder auch in großen Briefen zu $\frac{1}{2}$, 1 und $2\frac{1}{2}$ Kilo verpackt sind, oder auch in Blechdosen geliefert werden.

Als Bindemittel dienen dafür Leim, Emulsionen, Zaponlack, Öle, Lacke oder besondere »Tinkturen«, auch Spirituslacke.

An Bezeichnungen für die Bronzen sind bekannt:

Reichbleichgold, ein sehr helles Gold,
Zitronengold,
Orangegold,
Poliergoldbronze in sehr feinem Pulver, oder
Bronzeschliff, feinstes Metallpulver.

Als Anlaufbronzen sind zu nennen: Medaillenbronze, Lederbronze, Echtbronze, Braunbronze, Schokoladenbraun usw.

Bronzen sind nicht wetterbeständig, sie oxidieren bei Feuchtigkeits- und Lufteinfluß und werden mit der Zeit schwarz. Durch Oxidation gefärbte Bronzen sind beständiger, oxidieren aber, weiter angewendet, je nach dem Bindemittel schwächer oder stärker. Poliergoldbronze auf Mixtionanlage hält der Oxidation lange stand, erhält aber am besten doch einen Zapon- oder Schellacküberzug, wenn sie für bessere Arbeiten wie plastische Malereien verwendet wird.

Farbige Bronzen

sind nicht lichtbeständig. Sie sind in Gelbgrün, Rot, Blau, Stahlblau, Blaugrün zu erhalten.

Gelbgrün wird in der Regel durch Färbung von Zitronenbronze oder auch Reichbleichgold erzielt; Blaugrün durch Färbung mit Silberbronze, auch Aluminiumbronze, ebenso Stahlblau und etwas helleres Blau. Rotbronze wird sowohl auf Gold- wie auch auf Silber- und Aluminiumbronze hergestellt. Es gibt da die verschiedensten Töne.

Silberbronzen

werden fast nie mehr verwendet. Allgemein wird an ihre Stelle Aluminiumbronzeschliff gesetzt, der feiner im Korn ist als die Silberbronze. Wird aber Silberbronze verwendet, dann soll als Bindemittel möglichst ausschließlich Zaponlack genommen werden.

Aluminiumbronze

Sie wird aus reinem Aluminium in verschiedener Körnung hergestellt. Der Bronzeschliff ist auch hier die ausgiebigste und im Glanz die feinste Sorte.

Aluminiumbronze ist wetter- und hitzebeständig; sie kann deshalb vielseitig verwendet werden. Außerdem wird die Aluminiumbronze mehr für Zweckanstriche angewandt als für dekorative Zwecke: für Anstriche auf Metall wie Eisen, zum Schutz vor Rostbildung, entweder kombiniert als Zwischenschicht oder als Beimischung zu Farben, oder für hitzebeständige Überzüge, zum Beispiel auf Ofenrohren, heißwerdenden Eisenteilen an Maschinen und Öfen, Heizkörpern usw.

Ebenso wird ein Anstrich mit Aluminiumbronze dort bevorzugt, wo der Anstrich neben der Schutzwirkung gegen die Verwitterung auch die Wärme der Sonnenstrahlen abhalten soll, wie an Benzinbehältern, Öltanks usw. Die Licht- und Wärmestrahlen werden nicht absorbiert, sondern zurückgeworfen. Da die Aluminiumteilchen mehr Blättchenform aufweisen, geben sie guten Schutz und dichtere Filmbildung. Durch die Verlagerung der Blättchen wird ein gegen Verwitterung widerstandsfähigerer Anstrich erzielt.

Als Bindemittel für Aluminiumbronzen können zum Innenanstrich Öllack wie auch die für Goldbronzen üblichen Bindemittel verwendet werden, für Außenanwendung – namentlich im Anstrich – Öl, verdünntes Standöl, auch Edelmattöl, Öllack, auch Kunstharzlack.

Treasure-Gold-Bronzen

Zum Ausbessern von alten Rahmen gibt es das sogenannte Treasure-Gold in acht verschiedenen Tönen. Es ist auf einer Wachsbasis aufgebaut und läßt sich gut polieren. Es ist für eilige Arbeiten gut geeignet und wird in folgenden Tönen vom Fachhandel geliefert:

1) Classical Gold (klassisches Gold), Farbton 24karätiges Gold
2) Florentine (florentinisch), entspricht italienischem Blattgold
3) Renaissance, warmes, tiefes Altgold
4) White Fire (weißes Feuer), zeitgenössischer Weißgoldton
5) Copper (Kupfer), nachdunkelnder Ton blanken Kupfers
6) Brass (Messing), blasseste Tönung frühen Messings
7) Pewter (Zinn), weicher, kühler Glanz antiken Zinns
8) Silver (Silber), Versilberungs- und Blattsilber-Farbton

Bildnachweis zur 13. Auflage

Karlheinz Egginger, München Titelbild
Foto Gundermann, Würzburg Abb. 18
C. Kühny, Blattgoldfabrik, Augsburg Abb. 58–67
Peter Pracher, Würzburg Tafel XI
Rudolf Pracher, Würzburg Tafel I–X
Eberhard Zwicker, Würzburg Tafel XII, XIII; Abb. 19, 20